あなたはできる！
相続税申告書の書き方と 争族 円満解決法

税理士
阿部 員大

税務経理協会

はじめに

　平成27年1月1日は，財産家でなくとも少し資産を持った人にとっては大変な日となりました。なぜなら相続税の大幅改正の施行日だからです。

　これは，正に高齢者の金持ちを狙い撃ちするような税法改正といえます。また，贈与税を含めた相続税の平成25年から同26年，同27年へと続く改正における政府の狙いは，まぎれもなく高齢者から若い世代への資金移動を図ることだといえます。

　その内容は，改正の核心である基礎控除についていえば，昭和63年1月1日以降適用分が**4,000万円**，平成4年1月1日以降適用分が**4,800万円**，平成6年1月1日以降適用分が**5,000万円**と税法の改正ごとに徐々に引き上げられてきたのですが，今回の改正では逆に一気に**3,000万円**と昭和63年以前の水準にまで**引き下げ**られたのです。

　しかも，法定相続人1人当たり**1,000万円**あった控除も**600万円**にまで**引き下げ**られました。もうダブルパンチのなにものでもありません。

　つまり，夫婦と子供2人の標準家庭のケースでは，平成26年12月31日までに父親が亡くなった場合と平成27年1月1日以降に亡くなった場合とでは以下の違いがあります。わずか，一日の違いなのです。

　※　平成26年12月31日までに亡くなられた場合
　　5,000万円＋（1,000万円×3人）＝**8,000万円**
　※　平成27年1月1日以降に亡くなられた場合
　　3,000万円＋（600万円×3人）＝**4,800万円**

　両者を比較しますと実に**3,200万円**もの差があります。**4割減**ということです。この控除できる基礎控除額が大幅に少なくなったことが，今

後，相続税を申告し納税しなければならない家庭が増えるであろうと推測される主要因といえます。

ところで，平成23年度，同24年度と相続財産の金額の構成比が一番高いのが土地（つまり住居）です。この割合が46％と全相続財産の約半分を占めているのです。これをお持ちの方，特に都市部に持っている人は相続税の心配をしなければなりません。

では，どれくらい課税される人が増加するかといいますと平成23年，同24年（たぶん平成25年も同26年もほぼ同じと推測される）と全国平均で死亡者数に対し約4％強であった課税対象者が平成27年度は1.5倍に増えるのではないかと推測されています。

また三大都市圏では2倍になるであろうと言われています。

一説によりますと**東京では現在でも2割いる課税対象者が4割に増える**のではないかと言われています。

このような税法の改正に手をこまねいていたのでは，とんでもない余分な税金を払うことにもなりかねません。

ところで，この種の本は巷間すでに多くの出版物が出回っており，いまさらわたしが書いても単に屋上屋を重ねるだけではないかと躊躇したのですが，待てよ！どの本も金太郎飴のように内容や様式はほぼ同じ，ここで切り口を変えて書けば少しは国民（読者）のためになるのではないかと信じ，筆を進めることとしました。

なにしろ今回の相続税の大改正は，**総国民相続税時代**到来といった感が否めません。

さて，この本の主眼とするところは，まず**税は公平でなければならない**ということです。

プロに依頼できる立場の人とそうでない人との間に，あまりの不公平感があってはなりません。

はじめに

　もともと，申告納税制度の下においては，税理士は主役ではなく，あくまでも**納税者が主役**なのです。そのような観点から難解な相続税の申告書の作成をできるだけ分かりやすくできるように手助けします。それにより節税効果が図られ，ひいては税の公平性が保たれるのではないかとの意味合いをもって記述していきます。また，本書の主眼は何よりも円満な相続ができることを願って記述しています。

　難解な相続税に日ごろから馴染んでいない納税者がいきなりそれに取り組むのは，山登りをしたことのない素人が，指導者なしにアルパイン・クライミングに挑戦するようなもので危険極まりない行為といえます。

　そういう意味からも，この本は指導者的役割を少しでも果たせるのではないかと思います。

　なお，本書はかなりシンプルに記述していますので，複雑で解釈上難解な点につきましては別途その道に明るい人に相談するとか研究してください。

　また本書は，**パズル方式に埋め込んでいってもらえれば，ご自身の家の財産内容が分かり申告書が作成できるように説明しています。**

　まず，ご自分で作成していきますと，多くの**節税のヒント**が得られご自分の家の財産内容がよく把握されると思います。また財産内容の把握と相続税の流れが理解できれば，将来，的を射た生活設計がたてられるのではないかと思います。

　そうしますと，そこには世間でいう**争族や争続**などは**無縁**のものとして，故人のエンディングの意思を正しくかつ喜んで受け継げることと思います。

　ご自分で申告書を作成されるにしろ，プロに依頼するにしろ，本書を読まれることにより相続税の仕組みを知り，このことに明るくなりますと，大変な節税を図れることでしょう。

最後ではございますが，本書を出版するに当たってたいへんお世話になった税務経理協会の峯村英治さんには，心より感謝の意をあらわします。

　平成26年12月

著者　阿部員大

今回の改正の最大の注意点(ここは絶対に外せない)

　平成27年より,基礎控除額が4割減となったことは納税者にとって非常に手痛い改正です。大都市部の人にとっては,税金がかからない人でも相続税の申告をしなければならないケースが多々出てくるからです。それは,ほとんどの人がこの適用を受けると思われる小規模宅地等の特例を受ける場合に発生します。申告期限後,税務署から呼び出しが来るか来ないかの重要なキーポイントとなります。勘違いや失念をしていたとしたら大変なこととなります。配偶者の税額軽減もそうですが,この特例を受けるためには申告が絶対条件で,**税務署に相続税の申告書を提出して初めてこの特例が認められるということです**。重ねて言いますが,この特例は申告をして初めて相続税がゼロになる,ということです。

　今回の基礎控除額により,下記のような課税価格の事例が多く発生するものと思われます。改正前は下記の事例では申告しなくても税金はかからなかったのです。

　その簡単な例を記述してみます。

　法定相続人が4人の場合(基礎控除額は**5,400万円**)・・・改正前は9,000万円

小規模宅地等の特例を受ける**前**の居住用宅地の価額
6,000万円
小規模宅地等の特例を受けた**後**の居住用宅地の価額 6,000万円の8割減額 (4,800万円減額) 1,200万円

現金預金等その他の財産（生命保険金の課税分を含む） 3,000万円	
債務及び葬式費用	200万円
8,800万円（特例**前**）4,000万円（特例**後**）	

※　小規模宅地等の特例を受ける**前**の課税価格の合計額
　居住用宅地の価額（6,000万円）＋現金預金等その他の財産（3,000万円）－債務及び葬式費用（200万円）＝8,800万円

※　小規模宅地等の特例を受けた**後**の課税価格の合計額
　居住用宅地の価額（1,200万円）＋現金預金等その他の財産（3,000万円）－債務及び葬式費用（200万円）＝4,000万円

となり，小規模宅地等の特例を受けた**後**の計算（4,000万円）では当然のことですが基礎控除額（5,400万円）を下回りますから相続税はかかりません。

しかし，これはあくまでも相続税の申告をして初めて認められることですので，申告をしなければ税務署は認めてくれません。注意が必要です。

改正**前**の場合は，9,000万円＞8,800万円のため申告の必要はなかったのです。

本書の流れと概要

はじめに・・・相続税についての現状と本書の出版のねらい

※なぜ，税務署はあなたの財産をつかんでいるのでしょうか？

第1章・・・相続税の仕組みと相続税申告書作成のための資料集め

第2章・・・相続税申告書作成のための種々の評価のしかたと，システムの解説

第3章・・・「遺産分割協議書」の作成方法ならびに具体例を示し，それに基づいた「相続財産の内訳表」，「相続財産各人取得表」，「相続税計算表」を作成し，各人の相続税額を一旦算出します。

第4章・・・この章は本書の最も願う箇所です。せっかくの被相続人からの相続を争族や争続としないため，円満な相続をするために税法の数少ない特例を上手に生かし，第1案，第2案，第3案と作成し，各相続人の納得がいくようにします。

第5章・・・ここで，相続税申告書の作成順序を説明するとともに，具体例を挙げて実際の相続税申告書を使って，作成していきます。

第6章···相続税申告書を提出するに際して，それに係る添付書類について説明します。

※本書は基本的には平成27年1月1日以降分の相続税申告書作成を考慮していますが，それ以前のものについても対応していますので，読者の方には有効に活用していただけると思います。本書の主眼である「相続税申告書の作成方法」は平成26年12月31日以前も平成27年1月1日以降も変わっていないからです。

ただし，「小規模宅地等の評価減の特例」の表が少し変わりますので，第3章以降の相続税申告書の具体例はあえて平成26年10月10日の相続としました。

目　　次

はじめに

今回の改正の最大の注意点（ここは絶対に外せない）

本書の流れと概要

　なぜ，税務署はあなたの財産をつかんでいるのでしょうか？ ………… 3

第1章　相続税の仕組みと相続税申告書作成の手順 ……………11
第1節　わが国の相続税の課税方式 ………………………………13
第2節　財産の種類と評価のしかたのあらまし ………………15
第3節　相続時財産目録 ……………………………………………16
第4節　個別相続時財産明細 ………………………………………18
第5節　相続税の計算のしかた …………………………………21

第2章　相続税の計算過程について ……………………………………25
第1節　種々の相続財産の評価のしかた(本来の相続財産について)
　　　　　………………………………………………………………26

　　1　土地の評価のしかた ……………………………………27
　　　1　宅地の評価方法 ………………………………………28
　　　　(1)　路線価方式 ………………………………………28
　　　　(2)　倍率方式 …………………………………………32
　　　2　貸宅地と貸家建付地 …………………………………38

  3 「小規模宅地等の評価減の特例」について ················ 40
    (1) 特定居住用宅地等 ······································ 41
    (2) 特定事業用宅地等 ······································ 44
    (3) 特定同族会社事業用宅地等 ···························· 44
    (4) 貸付事業用宅地等 ······································ 45
② **家屋の評価のしかた** ··· 47
  1 自分で家屋を使用している場合 ······························ 47
  2 人に家屋を貸している場合 ·································· 49
  3 自用（居住用）と貸付用とが併用されている建物の場合 ······ 49
③ **有価証券の評価のしかた** ··· 50
  1 株式の評価について ·· 50
    (1) 上場株式について ······································ 50
    (2) 気配相場等のある株式について ······················ 51
    (3) 非上場株式（取引相場のない株式）について ········ 51
  2 公社債の評価について ······································ 58
    (1) 利付公社債について ···································· 58
    (2) 割引公社債について ···································· 59
    (3) 転換社債について ······································ 60
    (4) 貸付信託受益証券について ···························· 61
    (5) 証券投資信託受益証券について ······················ 61
④ **現金・預貯金の評価のしかた** ···································· 62
  1 現金の評価について ·· 62
  2 預貯金の評価について ······································ 62
    (1) 普通預金の場合の評価 ································ 62
    (2) 定期預金・定期郵便貯金等の場合の評価 ············ 63
    (3) 外貨の相続税評価 ······································ 64

⑤	**家庭用財産の評価のしかた** …………………………………65	
	1　家庭用財産とは …………………………………………65	
	2　家庭用財産の評価について ……………………………65	
⑥	**事業用財産の評価のしかた** …………………………………66	
	1　事業用財産とは …………………………………………66	
	2　事業用財産の評価について ……………………………67	
	(1)　棚卸商品の評価 ………………………………………67	
	(2)　受取手形の評価 ………………………………………67	
	(3)　貸付金・売掛金・未収入金等の評価 ………………68	
⑦	**その他の財産の評価のしかた** ………………………………68	
	■　その他の財産とは ………………………………………68	
	(1)　書画骨とう品の評価 …………………………………68	
	(2)　電話加入権の評価 ……………………………………69	
	(3)　未収家賃・未収地代等の評価 ………………………70	
	(4)　ゴルフ会員権の評価 …………………………………70	

第2節　みなし相続財産について …………………………………75

① **生命保険金の評価のしかた** ……………………………………76
② **退職手当金等の評価のしかた** …………………………………78
③ **生命保険金に関する権利の評価のしかた** ……………………80
④ **定期金に関する権利の評価のしかた** …………………………81
　　1　有期定期金の評価について ………………………………82
　　2　無期定期金の評価について ………………………………83
　　3　終身定期金の評価について ………………………………83
　　4　解約返戻金を支払う旨の定めのあるもの ………………84
　　5　解約返戻金を支払う旨の定めのないもの ………………84

第3節　相続時精算課税適用財産について ………………………85

第4節　債務・葬式費用について …… 91
1　債務の評価のしかた …… 91
2　葬式費用の評価のしかた …… 93
1　葬式費用として認められるものとは …… 93
(1) 死体の捜索や遺体の搬送にかかった費用 …… 93
(2) 遺体や遺骨の回送にかかった費用 …… 93
(3) 葬式を行うときやそれ以前に火葬，埋葬，または納骨を行うのにかかった費用 …… 93
(4) 葬式などの前後で生じた費用で，葬式に必要不可欠な費用 …… 94
(5) お寺の僧侶などに対して支払う読経料等の費用 …… 94

2　葬式費用として認められないものとは …… 94
(1) 墓地や墓石，仏壇，神具等の購入代金，並びにそれらを借り入れるためにかかった費用 …… 94
(2) 香典返しの費用 …… 95
(3) 初七日や四十九日といった法要を行うためにかかった費用 …… 95
(4) 遺体を医学上（遺体解剖費用等），あるいは裁判上の特別処置に要した費用 …… 95

第5節　相続開始前3年以内の贈与財産について …… 96
第6節　遺産にかかる基礎控除額について …… 100
第7節　各相続人の法定相続分に分配することについて …… 106
第8節　各種税額控除について …… 108
1　贈与税額控除のしかた …… 109
2　配偶者の税額軽減のしかた …… 109
3　未成年者控除のしかた …… 111
4　障害者控除のしかた …… 112
1　一般障害者の場合 …… 112

|　　　2　特別障害者の場合 …………………………………………… 112
|　⑤　相次相続控除のしかた ……………………………………………… 113
|　⑥　外国税額控除のしかた ……………………………………………… 114
|　⑦　相続時精算課税制度適用者の贈与税額控除のしかた ………… 115

第3章　遺産分割協議書の作成方法 …………………………………… 117

第4章　相続で争族や争続とならないための方法 ………………… 135

第5章　相続税申告書の作成方法 ……………………………………… 149

第6章　相続税申告書の提出期限と添付書類について ………… 183
第1節　相続税申告書の提出期限について ………………………… 183
第2節　相続税申告書の提出に当たっての添付書類について … 184
　①　各評価明細書について ………………………………………………… 184
　　1　宅地及び宅地の上に存する権利の評価明細書 ……………… 184
　　2　市街地農地等の評価明細書 …………………………………… 185
　　3　上場株式の評価明細書 ………………………………………… 185
　　4　登録銘柄及び店頭管理銘柄の評価明細書 …………………… 185
　　5　取引相場のない株式の評価明細書 …………………………… 185
　②　身分や権利に関係する添付書類 …………………………………… 186
　　1　被相続人の戸籍（除籍・原戸籍）謄本及び相続人全員の戸籍
　　　謄本（相続の開始の日から10日を経過した日以後のもの）…… 186
　　2　遺言書又は遺産分割協議書の写し ………………………… 186
　　3　相続人全員の印鑑証明書（遺産分割協議書作成時のもの）…… 186
　　4　被相続人及び相続時精算課税適用者の戸籍の附票の写し …… 186

| | 5 | 住民票の写し（相続開始の日以後に作成された，その宅地に引続き居住する者の住民票） | 187 |

③ 財産や債務に関係する添付書類 …………………………………………… 188

	1	土地や家屋の登記簿謄本 …………………………………………………	188
	2	土地や家屋の固定資産税評価証明書 ……………………………………	188
	3	預・貯金の残高証明書 ……………………………………………………	188
	4	生命保険金等の支払通知書の写し ………………………………………	188
	5	退職手当金等の支払通知書の写し ………………………………………	189
	6	金銭消費貸借契約書 ………………………………………………………	189
	7	電話加入権・書画骨とう品・家財等の場合 ……………………………	189
	8	借入金の残高証明書 ………………………………………………………	189
	9	租税公課の未払金残高証明書 ……………………………………………	189
	10	医療費・公共料金等の未払金残高証明書 ………………………………	189
	11	その他の債務 ………………………………………………………………	189
	12	葬式費用の明細書 …………………………………………………………	190

おわりに ……………………………………………………………………………… 191

あなたはできる！
相続税申告書の書き方と争族円満解決法

税理士
阿部員大 著

※なぜ，税務署はあなたの財産をつかんでいるのでしょうか？

　相続が始まり数か月経ちますと，それなりに財産をお持ちの方々に対して，まるで**ターゲット**をしぼったかのように税務署から「相続税の申告書」や「相続についてのお尋ね」というのが送られてきます。それはいったい**何故**なのでしょうか？

　ところで，皆さん『相続税をどのように節税しようか？』また『納税資金を何処から調達しようか？』頭のなかで考えているだけでは単に現実逃避しているだけに過ぎません。

　わが家の資産状況はどうなっているのか？また，相続人はどうなっているのか？

　本書を読み，具体的に当てはめていってもらえれば，無限にヒントが得られるはずです。

　では，実行に移していきましょう！！

相続が始まると税務署から「相続税の申告書」や「相続についてのお尋ね」というのが来ることがあります。いったいなぜなのでしょうか？
答えは，3つの条文があるからです。
まず，**第一段階**としまして，人が死亡すると，火葬許可証他の関係で戸籍法第86条に基づき死亡届を市区町村役場に提出しなければなりません。

> **戸籍法第86条**
> 「死亡の届出は，届出義務者（筆者注・・・・親族など）が，死亡の事実を知った日から**七日以内**（国外で死亡があったときは，その事実を知った日から三箇月以内）に，これをしなければならない。」

と規定されています。

つぎに，**第二段階**としまして市区町村は，相続税法第58条の規定により死亡の届出があったときは，死亡届に記載された内容を，税務署に通知しなければならないことになっています。

> **相続税法第58条**
> 「市町村長その他戸籍に関する事務をつかさどる者は，死亡または失踪に関する届書を受理したときは，当該届書に記載された事項を，当該届書を受理した日の属する月の翌月末日までにその事務所の所在地の**所轄税務署長**に通知しなければならない。
> 2　前項の規定により市町村が処理することとされている事務は，地方自治法第二条第九項第一号（法定受託事務）に規定する第一号法定受託事務とする。」

と規定されており，また地方自治法はつぎのようになっています。

※なぜ、税務署はあなたの財産をつかんでいるのでしょうか？

> **地方自治法第二条第九項第一号**
> 「この法律において『法定受託事務』とは、次に掲げる事務をいう。
> 一　法律またはこれに基づく政令により都道府県、市町村または特別区が処理することとされる事務のうち、国が本来果たすべき役割に係るものであって、国においてその適正な処理を特に確保する必要があるものとして法律またはこれに基づく政令に特に定めるもの（以下『第一号法定受託事務』という。）

　以上のような法律の規定から、**税務署**ではどこそこの誰がいつ死亡したか？にとどまらず、市町村民税である固定資産税についての評価明細書等が通知されることから、被相続人（亡くなられた人）の財産の概要がすぐに把握できます。

　その人が所有している「不動産の一覧表」ともいえる名寄帳を見れば、その人のおおよその財産は把握することができるというものです。

　その不動産だけで、すでに**基礎控除額（3,000万円＋法定相続人の数×600万円）**を超えていれば「相続税の申告書」や「相続についてのお尋ね」等の通知がくる可能性が高いといえます。

　さらに、平成28年1月からはマイナンバー法（行政手続における特定の個人を識別するための番号の利用等に関する法律）により、個人番号の利用がスタートいたします。

　これは、行政の効率化や手続きの簡素化を図ることを主眼としていますが、これが行われますと現在の**不動産の名寄せ**ばかりか**金融資産も名寄せ**されます。

　つまり、国民の持っている不動産、動産のすべてがガラス張りとなり、

考えようによっては実に無味乾燥で味気ない社会になるかもしれません。

　その他にも，平成7年以降導入を進め，平成13年には全国524税務署への導入が完了した**国税総合管理システム**（頭文字をとり**ＫＳＫシステム**ともいわれる。現在，課税当局では全国の国税局や税務署をネットワークで結び申告納税等いろいろな税務情報を入力することにより，税目や地域を超えた情報の一元的管理が行われています。このようにして国税当局の事務処理の効率化を図るために導入されたコンピュータシステムがＫＳＫシステムです）等のデータにより明らかに課税対象者と判断されたときなどは「相続税の申告書」が送付され，また，どちらとも判断のつきかねる人には「相続についてのお尋ね」が来る可能性があります。

　それでは，「相続税の申告書」については後で掲げるとして，ここでは「相続についてのお尋ね」について記述します。

　　表題は，**「相続についてのお尋ね」**です。
　見出しは「遺産の総額が，遺産に係る基礎控除額を下回るため，相続税の申告書を提出する必要がない方は，この『相続についてのお尋ね』に記入の上，回答してください。
　なお，記入にあたっては『相続税の申告のしかた』を参考にして相続開始時の状況により記入してください。」という具合です。
　そして，下方部に，○○○税務署　という所轄税務署名が印字されています。
　また，具体的な記入事項は
① 　亡くなられた方（被相続人）の死亡日，年齢，住所，氏名，職業，勤務先，確定申告書の提出状況等

※なぜ，税務署はあなたの財産をつかんでいるのでしょうか？

② 法定相続人の数や名前，住所，生年月日それに被相続人との続柄等
③ 被相続人（または先代名義）の宅地，借地権，田，畑，山林，家屋等の不動産について，その筆数，地積，床面積，固定資産税評価額，相続税評価額等
④ 被相続人が持っていた株式，国債，公社債，投資信託，出資金等について，その銘柄，数量，金額等々
⑤ 被相続人が持っていた現金，預貯金について，その預貯金先，金額等
⑥ 保険会社から受け取った（あるいはこれから受け取る）生命保険金，損害保険金または農協などの生命共済や傷害共済について，その保険会社名や受取金額等
⑦ 被相続人が勤務先から退職手当金，弔慰金等の支給を受け取った（あるいはこれから受け取る）場合には，その会社名，受取金額等
⑧ 被相続人の財産で，上の③から⑦に記載したもの以外の財産，例えば事業用財産，家庭用動産，書画・骨とう・貴金属等の種類，数量，金額等
⑨ 被相続人から相続時精算課税を適用して贈与財産を受けていた場合には，その財産の種類，数量，金額等
⑩ 上記⑨以外で被相続人から死亡前3年以内に財産の贈与を受けた人がいる場合には，その財産の種類，数量，金額等
⑪ 葬式費用について，支払先のお寺や神社の住所や名称，金額等
⑫ 被相続人に借入金があった場合には，その債権者の住所，氏名，金額等
⑬ 被相続人が死亡の際に未納となっていた所得税，住民税，固定資産税，その他の税金の金額等

となっており，また③から⑩までをプラスし⑪から⑬までをマイナスして正味の遺産額を計算する欄が設けられ，下記の文面で結ばれています。

　以上の通り，
遺産に係る基礎控除額は，3,000万円＋600万円×法定相続人の数＝
　　　万円（A）
相続や遺贈により取得した正味の遺産額・・・・・　　　　円（B）
（財産の合計額から葬式費用や債務を差し引いた額）

となり（A）＞（B）のため，申告は不要と判断しました。
　　　　　　　　　　　　　　　　　　　　平成　年　月　日
　住　所
　（フリガナ）
　氏　名　　　　　　　　　関与税理士
　（電話　　　　　　　）（電話　　　　　　　　　）

そして，最後に①と④と⑤についての記載例が記述されています。

ところでこのような「相続税の申告書」や「相続税についてのお尋ね」はいつごろ来るかといいますと相続税の申告期限が死亡時から10か月ですので，その1か月から3か月前ぐらいです。もっとも税務署によって多少のバラつきはあるでしょうが。
　なお，これらが送られてこなかった場合でも相続税の申告をしなくていいということは決してありません。税務署がすべての財産を把握しているわけではありませんから注意してください。

　このように国税局や税務署等の課税当局は，他の役所からの情報や自

※なぜ,税務署はあなたの財産をつかんでいるのでしょうか？

身が収集したあらゆるデータを駆使して納税者の財産状況を把握します。
　そういう意味では課税当局からすれば,いまや納税者の資産内容は丸裸にされているとは言わないまでも,かなり透明度の高いものになっていることは間違いないようです。
　いずれにしろ税務署から「相続税の申告書」や「相続税についてのお尋ね」が来てから行動したのでは遅すぎます。
　では,つぎに相続税の申告書の作成方法について順序よくひとつひとつ段階を経て記述していきたいと思います。

第1章　相続税の仕組みと相続税申告書作成の手順

　先にも記述しましたが，相続税の申告期限は被相続人が亡くなられた日の翌日から数えて**10か月目の日**です。

　そして，それなりに財産をお持ちのご家庭には，「相続税の申告書」や「相続税についてのお尋ね」というのが来ます。

　しかし，来ても申告期限の2，3か月前のため，それから準備したのでは，たとえ申告期限に間に合ったとしてもいい申告書は作れません。

　財産規模，遺言書の有無，法定相続人の人数等々によって異なりますが，被相続人が亡くなられてから遅くても3か月以内には準備に取りかかりましょう。

　10か月などアッという間に過ぎ去っていきます。

　相続は何も税金の申告書ばかりではなく，つぎの世代へのバトンタッチとしての不動産の名義変更が大切なことなのです。

　それでは，これから本論に入っていくのですが，まず準備段階として6つの資料を入手してください。

　その①　**「相続税の申告のしかた」**・・・全体的な申告書を作成するための説明書
　その②　**「土地及び土地の上に存する権利の評価明細書」**・・・土地の評価を出すための表
　その③　**「土地及び土地の上に存する権利の評価についての調整率**

表」・・・土地の評価を正確に出すために用いる様々な調整率が載っている表
その④「評価倍率表」・・・倍率方式で土地を評価するための表
その⑤「市街地農地等の評価明細書」・・・市街地農地等の評価を出すための表
その⑥「市街地農地等の評価に係る宅地造成費」・・・市街地農地等の評価を正確に出すために用いる表

また，非上場株式（取引相場のない株式）の評価をなさる人は上記に**プラス**して以下の資料を集めてください。
その⑦「取引相場のない株式（出資）の評価明細書」
その⑧「取引相場のない株式（出資）の評価明細書の記載方法等」
その⑨「類似業種比準価額計算上の業種目及び業種目別株価等」
その⑩「日本標準産業分類の分類項目と類似業種比準価額計算上の業種目との対比表」

以上，**税務署**で入手してください。税務署はどうも敷居が高くてダメだという人はパソコンのインターネットで入手してください。パソコンが苦手の人は身内の若い人にお願いして出してもらってください。

その①のインターネットでの出し方は「相続税の申告のしかた」で検索すれば出てきます。
また，その②とその③は「土地及び土地の上に存する権利の評価明細書の様式」で検索し，つぎに［手続名］土地及び土地の上に存する権利の評価明細書｜財産評価関係をクリックしてもらえば，お目当ての「土地及び土地の上に存する権利の評価明細書」あるいは「土地及び土地の

上に存する権利の評価についての調整率表」が出てきます。

その④，その⑤，その⑥につきましても同様にインターネットで出せます。

またその⑦につきましても「取引相場のない株式（出資）の評価明細書」で検索し，つぎに［手続名］取引相場のない株式（出資）の評価明細書｜財産評価関係をクリックしてもらえれば，お目当ての「取引相場のない株式（出資）の評価明細書」が出てきます。

その⑧，その⑨，その⑩につきましてもインターネットで出せます。

第1節　わが国の相続税の課税方式

さて，相続税のしくみについてですけど，相続税の計算方式につきましては，大別しますと遺産課税方式と遺産取得課税方式という2つの方式があります。

遺産課税方式とは，被相続人の遺産総額に応じて課税する方式であり，また**遺産取得課税方式**とは，個々の相続人等が取得した遺産額に応じて課税する方式です。

英米法を採用するアメリカや英国は前者を採り入れ，大陸法を採用するドイツなどは後者を採り入れています。

現在わが国が採用している方式は，遺産取得課税方式を基礎とした課税方式で遺産課税方式と遺産取得課税方式の中間的な方式ともいえる**法定相続分課税方式**です。

この方式は，その文言が示しますように，遺産分割の仕方によって相続税が違ってくるのを防ぐため，いったん法定相続分で分割したものと仮定して相続税の総額を計算します。そうしたのちに，各人が実際に取得した相続財産の割合を計算し，その割合を相続税の総額に乗じて各人

の税額を算出します。

　こうすることによって遺産分割の仕方が異なっても，相続時の法定相続人と遺産額が同じ場合は，相続税の総額は変わらないようになっています。

　ところで，**相続税**は事業所得税や法人税や消費税等の計算をするような場合と違って帳簿というものがありません。
　このことが相続税は他の税目と違って"**一発勝負**"**の税金**などと称されるゆえんです。継続性のない税目なのです（もっとも，申告期限から５年以内であれば減額請求できる）。
　ですから，危険を避けるためにも，それに代わるものとして，是非とも財産目録を作成する必要があります。
　しっかりした**財産目録**を作ることは，会社が財務諸表を作るのと同様に大切なことであり，わが家の資産，負債内容の全容を把握できます。
　土地，家屋等不動産を皮切りに有価証券，現金・預貯金等，またゴルフ会員権や絵画や骨とう品等，それに生命保険金や年金受給権等，退職手当金等を貰っていればそれらも資産に計上し，逆に借入金や税金の未払金等があれば負債に計上し，ついでにお葬式費用も整理しておきましょう。

　それでは，相続財産目録の書式を記載しますが，その前にそれら種々の財産の評価は，財産の種類ごとによって算定基準が設けられていますので，先にそれを簡単に示しておきます。
　そのほうが読者のみなさまには理解しやすいのではと思うからです。
　それでは，それぞれの財産における評価のしかたについての概要は以下の通りです。

第2節　財産の種類と評価のしかたのあらまし

財産の種類と評価のしかたのあらまし

土地	自用地	路線価方式または倍率方式で評価
	貸宅地	自用地評価額から借地権割合を引く
	貸家建付地	自用地評価額から借地権割合と借家権割合を乗じた分を引く
家屋	自用家屋	固定資産税評価額
	貸家	固定資産税評価額から借家権割合を引く
株式	上場株	取引相場価格で死亡の日の終値，月中，前月，前々月の日々の終値の月平均額のうち，一番低い価額
	取引相場のない株式	類似業種比準価額方式 配当還元価額方式 純資産価額方式
現金		死亡日における現物
預・貯金		亡くなった日の元本に解約利子の手取り額をプラスした額
生命保険		(500万円×法定相続人の数) の額が引ける
死亡退職金		(500万円×法定相続人の数) の額が引ける
年金受給権		保険会社等から来た「保険金等振込済通知書」の支払金額
絵画・骨とう品		売買価額または精通者意見価額

| ゴルフ会員権 | 株式制，預託金制，株式預託金併存制等の形態がありますが通常の取引価額の7掛け程度 |

それでは，以下**財産目録のフォーマット**を掲載します。

第3節　相続時財産目録

被相続人が，亡くなられた日における被相続人の相続財産並びに負債のすべてを書きだしたものです。

相続時財産目録

平成○○年○○月○○日

科　　目	摘要欄
※　資産（プラスの財産）	
不動産の部	
土地	（宅地・農地・山林等）
土地の上に存する権利	（借地権・地上権・定期借地権等）
家屋	（自用家屋・貸家・建築中の家屋等）
構築物	
果樹等また立竹木	
事業用減価償却資産	（機械・器具等）
動産の部	
家庭用財産	（テレビやタンス等家財道具）
たな卸商品等	（商品・製品・原材料等）
自動車・貴金属	
書画・骨とう品	

有価証券	
有価証券①	（上場株式・気配相場等のある株式・取引相場のない株式）
有価証券②	（国債・地方債・社債・証券投資信託の受益証券等）

金銭	
現金	
預貯金等	（普通預金・定期預金・定期積立金・普通貯金・定期貯金等）

無体財産権	
	（電話加入権・著作権・特許権・実用新案権）

その他の財産	
個人事業者等の資産	（売掛金・貸付金・未収金等）
会社経営者の会社への貸付金	
ゴルフ会員権	

みなし相続財産	
死亡保険金	（生命保険金・損害保険金・農協の生命共済金等）
生命保険契約に関する権利	
死亡退職金等	（死亡退職金・功労金・退職給付金等）

※ **負債（マイナスの財産）**

借入金	（ローン・金融機関等からの借入金）
個人事業者等の負債	（買掛金・未払金等）
未払税金	（固定資産税・準確定申告・住民税等）

以上に掲げたフォーマットに，貴家の財産をあてはめ相続時財産目録を完成できれば，貴家の財産の**全体像**が把握できることと思います。

　では，つぎにこれら種々の財産を，さらに具体的に表示する個別相続時財産明細を記述していきます。

　これを作成するねらいは，相続税申告書を作成する際に，非常に手間が省けますし，**遺産分割協議書**を作成するのに便利なためです。

　それでは以下，順番に記述していきます。

第4節　個別相続時財産明細

　それでは，不動産，有価証券，現金預貯金等，みなし相続財産，負債，等々とジャンルごとに作成していきますが，皆様はご自分にあった資産内容に応じて分かりやすい方法で作成していただいて結構です。

個別相続時財産明細

☆**不動産**

所在地	地目等	地積等	相続人	取得割合	顛末
埼玉県川口市ＸＸ町	居住用宅地	50.20㎡	○○○○	1／1	
東京都豊島区東池袋ＸＸ	宅地	35.45㎡	△△△△	1／1	
埼玉県川口市並木町	宅地	78.00㎡	××× ×	1／2	
埼玉県川口市ＸＸ町	自用家屋	65.40㎡	○○○○		
東京都豊島区東池袋ＸＸ	貸家	40.00㎡	△△△△		

☆有価証券

種類	証券会社等	銘柄名	株数	顛末
上場株	○○証券××支店	◆◆銀行	20,000株	
〃	〃	□□自動車	10,000株	
特定同族会社株	川口市ＸＸ町	▼▼建設㈱	8,000株	

☆現金預貯金等

種類	金融機関名	口座番号	金額等	相続人	取得金額	顛末
現金			77,777円	○○○○	77,777円	
普通	××銀行	0000	123,456円	○○○○	123,456円	
定期	△△銀行	0000	789,123円	△△△△	789,123円	
定積	○○信金	0000	456,789円	××××	456,789円	

☆みなし相続財産

種類	保険会社他	金額等	相続人	取得金額	顛末
生命保険	○○保険	1億円	○○○○	1億円	
生命保険	ＪＡ△△	5千万円	△△△△	5千万円	
死亡保険金	××㈱	2億円	××××	2億円	

☆負債

種類	借入先等	残高等	相続人	顛末
借入金	○○銀行	7,000万円	○○○○	
住宅ローン	××銀行	4,500万円	△△△△	
固定資産税	△△市役所	25万円	○○○○	
準確定分	□□税務署	30万円	○○○○	
住民税	△△市役所	10万円	○○○○	

以上のように貴家の資産や負債の数字を埋めていきましょう。

そして，お葬式にかかった費用についてもまとめておきましょう。

☆葬式費用

支払先の住所氏名	支払日	金額	相続人
川口市○○町××●●寺	27・3・10	700,000円	△△△△
川口市○○町××△△葬祭	27・3・12	600,000円	△△△△
川口市■■町××○○商店	27・3・14	150,000円	△△△△
川口市▽▽町××□□酒店	27・3・15	50,000円	△△△△

　以上で，貴家の相続税を計算する資料としての資産と負債それにお葬式費用がすべて掲載されましたから，つぎにこれらの資料を埋め込んでいくための「相続税の計算のしかた」についての式を記述します。

　その前に，これは財産目録ではないのですが，被相続人が生前に，やがて間違いなく訪れる相続時に備え，相続人のために以下のような財産保管場所一覧表を作っておくことです。相続人は助かりますし感謝されること請け合いです。

　皆様のなかには故伊丹十三氏の「マルサの女」をご覧になった方もいられるかと思いますが，財産をあちこちに隠しています。一般的にはそれほどまででないにしましても，被相続人の財産は分散させているケースはよく耳にします。そういう意味からも相続人のために「財産保管場所一覧表」は必要かと思われます。

財産保管場所一覧表

種類	保管場所	数量等	顛末
土地の権利証	□□信用金庫の貸金庫	2か所	
家屋の権利証	〃	1か所	
有価証券	〃	5銘柄	
預金通帳	△△事務所の抽斗	7冊	

第5節　相続税の計算のしかた

相続税の計算のしかたを，つぎに一覧します。

次章の節番号	相続税の計算の順序	相続税の申告書の該当表
第1節	相続財産（本来の相続財産） ＋（プラス）	・・・・第11表
第2節	みなし相続財産 ＋（プラス）	・第9表，第10表
第3節	相続時精算課税適用財産 －（マイナス）	・・・第11の2表
第4節	債務・葬式費用 **（この時点で赤字になった時は0＜ゼロ＞とします）** ＋（プラス）	・・・・第13表
第5節	相続開始前3年以内の贈与財産 ＝（イコール） **課税価格の合計額** －（マイナス）	・・・・第4表
第6節	遺産にかかる基礎控除額 ＝（イコール） **課税遺産総額**（この段階でゼロ以下の場合は申告の必要はありません） ↓	・第1表，第2表
第7節	各相続人の法定相続分に分配 ×（乗じる） 税率 ＝（イコール） **相続税の総額** ↓	・・・・第2表 ・・・・第2表
	上記の相続税の総額を，各人が実際に取得した割合で按分し**各人ごとの相続税**を算出します。	・・・・第1表

第8節	－（マイナス） 贈与税額控除・配偶者の税額軽減・未成年者控除・障害者控除・相次相続控除・外国税額控除・相続時精算課税分の贈与税額控除の順番で控除していきます。 ＝（イコール） 納税額もしくは還付額 ↓ 申告書提出・納税

　以上が,「相続税の計算のしかた」です。一見すれば複雑に見えますが,特殊な事例の場合は別として一般的な相続の場合，ていねいにこの順番に従って進めていただければ相続税の申告書は作成できます。

　以下，第1節の相続財産（資産）から第8節の申告書提出・納税について，各々の評価のしかた等について順次記述していきます。
　読者の方は，この順序に従ってわが家の資産，負債，基礎控除等をパズル方式で埋めていってください。おおむねの数字が把握できます。

※ところで，戦前の納税制度は**賦課課税制度**でしたが，昭和22年を境に課税制度は一変しました。自分の所得は納税者自身が一番よく知る立場にあるため，納税者自身が自己の責任において税額を計算し申告納税するという**申告納税制度**になったのです。
　つまり，戦前は課税官庁が一方的に課税していたのですが，戦後は納税者が主役となったのです。そういうことからも大変なことですが，ご自分がかかわることで税金の重要性を知ってほしいと思います。

　また，最近出されたある試算では，2060年度には国の借金は8,000兆

円になるとされています。仮に少子高齢化が現在のまま進行し，その頃人口が8,000万人としますと，単純計算では国民一人当たり1億円の借金を背負うこととなります。

　誰がというわけでもありませんが，やはり歴代の政治家や霞が関の窓からしかモノを見ない官僚たちの罪は重いといわねばなりません。

　なぜなら，もともと議会とか民主主義といった概念の起源は，税金と大きくかかわりをもっているからです。やはり，議会に身を置く者たちがしっかり政治をすればこれほどまでにはなる道理がないはずです。

　このような状況を解消するためにも，政治家を選ぶ立場の国民が，その根本である税金の真の意味を理解するためにも是非ともご自分で申告に挑戦してもらいたいと思います。

第2章　相続税の計算過程について

　それでは，ここからは前章第3節，第4節で作った貴家の財産についてその評価のしかたについて記述していきます。

　さて，相続税の評価はいったいどのようにして計算するのでしょうか？

　相続や贈与をする場合，その財産の評価は取得したときの時価によることとされていることが**相続税法の第22条**に示されています。

相続税法第22条

> 　この章で特別の定めのあるものを除くほか，相続，遺贈又は贈与により取得した財産の価額は，当該財産の取得の時における時価により，当該財産の価額から控除すべき債務の金額は，その時の現況による。

　また，この時価は国税庁の定める**「財産評価基本通達」の第1章総則1の(2)**において「時価とは，課税時期において，それぞれの財産の現況に応じ，不特定多数の当事者間で自由な取引が行われる場合に通常成立すると認められる価額をいい，その価額は，この通達の定めによって評価した価額による」とされています。

　つまり「時価とは客観的な交換価値」のことです。

　これから評価していく不動産，動産，無体財産権，有価証券等その他の財産は，すべてこの「財産評価基本通達」あるいは「評価通達」「個

別通達」等に基づいて評価していきます。

第1節　種々の相続財産の評価のしかた（本来の相続財産について）

　様々な種類の財産評価はどのように計算するのでしょうか？
　相続税に関しましては，税理士や弁護士のような一身専属権といったものや，あるいは二世議員が親から継承する地盤，カバン（？），看板的なものは含まれませんが，その他の一切の権利義務的なものが継承され相続税の課税対象となるとされています。

　しかし，ここで一つの疑念が生じます。一身専属権の場合は，本人が死亡すれば相続人はその地位を継承できませんから当然相続財産とはなりません。が，政治家の場合，本人が死亡すればその相続人や身内が国民の代表者となれるチャンスを得ます。二世議員がいい結果を残していないことは過去の実績で実証ずみです。何よりも政治の活性化がありません。旧弊を改正することはすなわち親を批判することとなり，そのような空気が生まれないからです。
　ところで今や，国民には消費税や相続税の増税を強いながら，自分たちは政党助成金と企業団体献金でわが世の春といったところ。国民一人当たり250円で計算した平成26年度の政党助成金の額は320億余円。一方，政治資金収支報告書によると平成23年度，24年度と企業団体献金の方も100億円をとっくに超えています。もともと政党助成金の誕生はリクルート，東京佐川急便，ゼネコンと延々と続く政治家と企業との黒い癒着，悪弊を断ち切るために，できたもの。企業団体献金がまたぞろ復活するのであれば，政党助成金など止めるべきでしょう。言葉は悪いけど焼け太りのそしりをまぬかれません。憲政の神様と呼ばれた尾崎行雄は「出

たい人より出したい人を」と言ったが，国民の血税を余分に使ってまで（政治家は正規の歳費を既に貰っている）出たくて当選しても，決して国民のためになる政治が行われるとは思えません。昨今の現状をみますと，そのような土壌は政治家の継承と大いに関係があるように思われます。このような意味からも政治家の継承には何らかの課税があってもいいと考えるのはわたし一人ではないと思います。せめて，出馬した場合に限り課税してはどうでしょう。なにしろ，税金と政治，議会，民主主義とは切っても切り離せないものですから。

　話はすこし横道にそれましたが，基本的には相続人は被相続人が死亡した時点から，積極資産はもちろん消極資産のすべてを受け継ぎます。
　つまり，相続税は被相続人が所有していた積極資産から消極資産を差し引いた分から葬式費用を引き，さらに基礎控除額を差し引いた分に対して税金がかかってくるということです。
　この場合，積極資産のなかに資産から除外される墓地，仏壇や死亡保険金のうち一定額が課税されない非課税財産というのがあります。これは課税対象外になる資産ということです。
　それでは，これらの詳細について，以下1の「土地の評価」から始まり7の「その他の財産」の評価のしかたについて順次記述していきます。

1　土地の評価のしかた

　さきにも触れましたが，土地は相続財産の金額の構成比割合がここ数年46％と大きなウエイトを占めています。ですから，いわば相続財産の王様といったところで，この土地の財産評価を制する者は相続税を制するといっても過言ではありません。つまり，これの評価いかんによって相続税額が大きく異なってくるということです。

土地の評価につきましては，一次的には「路線価図」や「評価倍率表」に基づいて評価します。
　まずは，宅地等を実測し縮小した図面を作ります。つぎに，場所を確認しましょう。

1　宅地の評価方法

　宅地の評価方法には路線価（評価対象とされる土地の道路につけられた1㎡当たりの価額）のついている場所の「路線価方式」と，ついていない場所の「倍率方式」という2つの方式があります。
　どちらか一方を選択できるかというとそうではなく，どちらで評価するかはその宅地のおかれている所在地によって決定されます。
　路線価図は国税庁のホームページで見られますし，また税務署でも閲覧できます。
　貴家の宅地が接している道路に路線価がつけられていれば路線価方式で評価すればいいですし，そうでなければ倍率方式で評価すればいいのです。

(1) 路線価方式

　路線価方式は主として市街地地域において適用される評価方式です。
　路線価は，その年の1月1日における公示価格の約80％で設定されており国税庁が7月1日に公表しています。

【路線価方式】

　路線価とは，評価する土地がその道路に面している標準的な宅地の1㎡当たりの価額のことです。
　この価額を基本として，評価する宅地の形状等に応じ，各種補正率を適用した後，面積を乗じて最終的な宅地の評価額を算出します。
　これは『土地及び土地の上に存する権利の評価についての調整率表』を

参考に当てはめていってもらえれば分かりやすいです。
　ここで，具体例を掲げておきます。そうすれば読者には理解しやすいと思われます。
(例)
　普通住宅地区（自用地）
　路線価　　150,000円
　地積　　　　210㎡

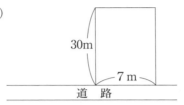

(路線価) (奥行価格補正率)
15万円×0.98＝147,000円
　　　　　　(間口狭小補正率) (奥行長大補正率)
147,000円×　　　0.97　　　×　　　0.94
＝134,034円
(補正率適用後の路線価) (面積)　　(評価額)
　　　　134,034円　×　　210㎡＝28,147,140円

※なお，本例の場合は，側方路線影響加算率
　　　　　　　　　　二方路線影響加算率
　　　　　　　　　　不整形地補正率
　　　　　　　　　　がけ地補正率
　の適用はありませんが，皆さんの評価する土地が，これに該当する場合は，形状等に応じて評価します。

上記の具体例でも触れましたが，計算式は以下の通りです。

路線価×奥行価格補正率×（各種補正率）×宅地の面積＝相続税評価額

　評価する場合，宅地が複数の路線に面している場合には「路線価×奥行価格補正率」が最も高くなる路線価が基準（正面路線価）となります。

　それでは上記計算式の「奥行価格補正率」とはなにかといいますと，

財産評価基本通達のなかに＜土地及び土地の上に存する権利の評価についての調整率表＞というのがあり，そこに計算式がでているのです。

この調整率表は税務署でもらえます。

さて，この**「奥行価格補正率」**とは，ビル街地区，高度商業地区，繁華街地区，普通商業・併用住宅地区，**普通住宅地区**，中小工場地区，大工場地区等に区分されており，その地区の奥行距離によって減額されたりされなかったりする調整表です。

普通住宅地区を例にとれば奥行きが10メートルぐらいまでは減額されますが，それを超えると24メートルぐらいまでは減額されず，またそれを超えると減額されるといった具合です。ちなみに奥行距離が100メートルとなれば2割減といったところです。

次に「各種補正率」ですが減額されるものとして「不整形地補正率」，「間口狭小補正率」，「奥行長大補正率」，「がけ地補正率」があり，加算されるものとしては「側方路線影響加算率」，「二方路線影響加算率」があります。

また，無道路地，私道といったものもあります。

なぜこのような調整をするかといいますと「路線価×宅地の面積」では不公平ということから出発しています。それぞれの宅地は一様ではなく，ましてや正方形などというのは稀ですし路線も一方に面しているばかりとも限りません。その宅地の利用価値が千差万別ということです。

時価評価は「客観的な交換価値」が基本ですので，ここで公平に調整してやろうというのが，この補正率の趣旨です。

「不整形地補正率」は文言どおり宅地が通常より形状がいびつな場合に，減算される補正です。

先に掲げた地区によって区分され，さらに地積に区分され，かげ地割合によって減算される修正率です。

「**間口狭小補正率**」はその宅地の間口が狭い場合に適用される補正率です。やはり地区によって異なり間口の距離によって減額される修正率です。

ちなみに普通住宅地区の場合には間口が8メートル未満であれば減額されます。

「**奥行長大補正率**」は奥行きが長い宅地に適用される補正率のことです。やはり地区によって異なり奥行距離を間口距離で割って計算されます。

ちなみに普通住宅地区の場合にはその割った数字が2以上であれば減算対象となります。

「**がけ地補正率**」は形状が斜面のように利用価値が極端に悪いような宅地に適用される補正率のことです。そのがけ地の方位が東・西・南・北のいずれであるかによって異なり，また，がけ地地積を総地積で割った数字で減算率を算出します。

つぎに，加算項目ですが，宅地が角地（路線が二面に接する宅地）であったり，複数の路線に面している場合は建ぺい率もプラスされたりしますので，その利用価値が高くなります。したがってこのような宅地も一方路線の宅地と同じ扱いでは平等とはいえません。

そこで，このような宅地については評価を高めにしようというのが「側方路線影響加算率」であり「二方路線影響加算率」なのです。

「**側方路線影響加算率**」はその所在する地区ごとによって分かれており，また角地と準角地の場合とによっても加算率が異なります。

※角地とは十字路のところで路線が二面に接している宅地で，準角地とは十字路とはなっておらずL字形の角で二面に接している宅地のことです。

　両者は地区によって異なりますが，おおむね角地の加算率は準角地の加算率の2倍となっています。

「二方路線影響加算率」はやはり所在する地区ごとによって分かれており，各々の加算率によって計算します。

上記のように計算して評価していくわけですが，まず「土地及び土地の上に存する権利の評価についての調整率表」は税務署で求められます。そして具体的には，作成する際に必要な**「土地及び土地の上に存する権利の評価明細書（第1表）裏面（第2表）」**という用紙も税務署にありますのでそれに基づいて，埋め込んでいってもらえれば基本的な評価額が算出されるようになっています。

(2) **倍率方式**

倍率方式は主として郊外地域や農地，山林等において使われる評価方式で，路線価の定められていない地域での評価方式です。

この評価方式は原則的にはそこの宅地の**「固定資産税評価額」**に国税庁から出されている**評価倍率表**に示されている一定の倍率を乗じて計算します。

固定資産税評価額×倍率＝相続税評価額

第2章 相続税の計算過程について

>>>>> 【倍率方式】 <<<<<

(例)

　　　固定資産税評価額
　　　　　700万円
　　　評価倍率表の倍率
　　　　　　1.1

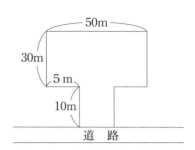

例えば，以下のように計算します。
　すでに全体としての固定資産税の評価額が分かっていますので，路線価方式のように地積を計算する必要はありません。
　（固定資産税評価額）×（倍率）
　　　700万円　　　×　　1.1　＝770万円
　単純に掛け算をすればいいのです。

　この場合，その乗じる倍率は宅地，田，畑，山林，原野，牧場，池沼等によって異なります。

　左欄の「町（丁目）又は大字名」で評価すべき場所を探し，右欄の「固定資産税評価額に乗ずる倍率等」の該当倍率を乗じればいいのです。

※また，この固定資産税評価額は土地の所在地の市町村役場（東京都の場合には各都税事務所）で入手できますが，注意しなければならないのは皆さんが固定資産税を納付するときに来る固定資産税通知書に載っている課税標準額とは異なるということです。
　この固定資産税通知書の額は通常特例措置の関係で低くなっています。便宜的にこれを利用しようとなさらないで，しっかりと市町村役場の固定資産税課に足を運ぶなり，または郵送で「固定資産税

33

評価証明書」を入手することです。

※倍率表の宅地欄に「路線」となっている場合には路線価方式で評価します。

つぎに，この倍率表を使用するものとして農地や山林があります。

農地は①純農地（倍率表では純となっています）②中間農地（倍率表では中となっています）③市街地周辺農地（倍率表では周比準となっています）④市街地農地（倍率表では比準または市比準となっています）の４つに区分されています。

このうち，**純農地**と**中間農地**は倍率方式を採用します。

また，**市街地周辺農地**は倍率方式でやる場合もありますが，主にその農地が市街地農地であるとした場合の価額（宅地としての評価額からその農地を宅地に転用する場合に必要な宅地造成費を減額した価額──宅地比準方式という）の約８割で計算します。

そして市街地農地は宅地比準方式または倍率方式で評価します。

【倍率方式】

市街地農地での（宅地比準方式）
通常の事例

例えば，以下のように計算します。

これは，「市街地農地等の評価明細書」を使って計算します。まず第１段階としまして，その評価の基とした宅地の近傍宅地の評価額を各市町村

役場で確認します。それに倍率を掛けて1㎡当たりの評価額を出します。そして，「評価上考慮したその農地等の道路からの距離，形状等の条件に基づく評価額の計算内容」は通常あまり使いませんので，そのまま，上記の金額が下りてきます。

　つぎに，この金額から減額する宅地造成費の計算をします。

　これは，評価する宅地の所在する国税局管内の宅地造成費の金額表（市街地農地等の評価に係る宅地造成費）を参考に数字（金額）を入れていってもらえれば，自動的に計算されます。

　そして，先に計算した評価額から，この宅地造成費の1㎡当たりの金額を差引いたものに地積を乗じたものが市街地農地等の評価額となります。なお，市街地周辺農地については，さらに0.8を乗じたもので評価します。

※上記の宅地造成費につきましては各国税局ごとに整地費，土盛費，土止費等が定められています。

　山林の評価につきましては，まず山林も①純山林②中間山林③市街地山林の三区分に区分けされています。

　このうち**純山林**と**中間山林**は倍率方式を採用します。

　また，**市街地山林**は宅地比準方式となっています。

　先の(1)路線価方式の末尾にも記述しましたように，この倍率方式の作成手順におきましても，「評価倍率表」は税務署で調達できますし，そして具体的に作成する際に必要な**「市街地農地等の評価明細書」**という用紙も税務署にありますので，それに基づいて埋め込んでいってもらえれば基本的な評価額が算出されるようになっています。

　それでは，つぎに私道と広大地の評価について記述しておきます。

　まず，**私道**につきましては，評価するその道路が通り抜けでき誰でも

が通行できるような私道につきましては，ゼロ評価となっています。

しかし，袋小路のようにその私道がもっぱら特定の人が通行できるようなところについては，いったんその宅地が私道ではないものとして評価（路線価方式または倍率方式で）した価額の3割相当の額で評価することとされています。

原則的には以下の算式で評価します。

　　正面路線価×奥行価格補正率×間口狭小補正率×奥行長大補正率×
　　0.3×面積

これが私道の相続税評価額です。

しかし，評価する私道に路線価が設定されていない場合には所轄税務署で特定路線価というのを設定してもらいます。

この場合におけるその評価は，特定路線価×0.3となります。

※**特定路線価**とは，路線価の設定されていない道路のみに接している宅地の価額を評価するための路線価のことをいい，「特定路線価設定申出書」を所轄税務署に出して路線価を決めてもらいます。普通，決定されるまで1か月程度かかります。

つぎは**広大地**の評価についてですが，これに関しての適用通達は財産評価基本通達24－4に出ており，もしこれが適用されれば土地の評価は随分下がります。

ただ，適用条件は大変難しいのです。

広大地に該当した場合の土地の評価は，その土地に接する路線価に広大地補正率と面積を乗じて計算します。

下記のような計算式となります。

　　広大地の評価額＝広大地の面する路線の路線価×広大地補正率×面積
　　※　広大地補正率＝0.6－（0.05×広大地の面積÷1,000㎡）

※この計算式では先に掲げた不整形地補正率等の各種補正率は一切利用できません。

仮に評価する土地の面積が2,000㎡ですとその土地の評価額は半分（50%）となり，最大面積の5,000㎡ともなれば実に35%評価にまで下がります。

それだけに，この評価の適用を受けるための条件は非常に厳しく以下のような要件が設けられています。

●広大地とされるための要件●

① 大規模工場用地に該当しないこと。
② 中高層の集合住宅等（分譲マンション，賃貸マンションなど）の敷地用地に適したものでないこと。

これに加え，平成16年に国税庁はおおもとの財産評価基本通達24－4の解釈通達として「広大地に該当しない条件の例示」として4例を挙げています。

　ア　既に開発の終了しているマンション，ビル等の敷地
　イ　現に宅地として有効利用されている建築物等の敷地
　ウ　原則として容積率300%以上の地域にある土地
　エ　公共公益的施設用地の負担がほとんど生じないと認められる土地

③ 著しく面積が広大であること。

各自治体の開発許可を要する面積が基準以上であれば，著しく面積が広大であるといえるようです。

市街化区域　　　三大都市圏・・・・・・・500㎡
　　　　　　　　その他の地域・・・・・1,000㎡

なお，広大地として評価される宅地は5,000㎡以下とされていますが5,000㎡を超えても広大補正率の下限である35%は適用できます。

2　貸宅地と貸家建付地

まず，**「貸宅地」**についての評価ですが，他人に貸付けている宅地は，通常「貸宅地」あるいは「底地」と呼ばれています。

住宅地では，自用宅地の40〜30％で，また商業地では自用宅地の30〜10％での評価になります。

つまり，繁華街等高度な商業地になるにつれ借地権割合が高くなり，その割合が高くなればなるほど，逆に評価額が低くなっていきます。

貸宅地は，当然のこととして借り手側に使用権利がありますから，貸し手はその土地をいざ売却しようとしても自由に処分できない不便さがあります。

そのように諸々の意味において，貸し手が自分の土地を自由にできないということから，このような土地に対しては減額するのが公平であるというのがそもそもの趣旨です。

一方，この借り手側の権利は通常「借地権」と呼ばれています。

余談ですが，借り手側に相続が発生した場合には，当然のことですがこの借地権は相続財産ということになります。

さて，この「貸宅地」の評価についての計算方法ですが，まずその宅地を貸していないとした評価額（自用宅地－更地－としての評価額）を先の(1)路線価方式，(2)倍率方式の算式で求めます。

つぎに，そこから**借地権の評価額**を差し引いた残額が，求める貸宅地の評価額ということです。

自用宅地の評価額－借地権の評価額＝貸宅地の相続税評価額

　※借地権評価額は自用宅地×借地権割合です。なお借地権割合は路線価図の路線価の後にA〜Gの7段階で示されています。また，A〜Gはそれぞれ何％に該当するかについては路線価図の上部の方に出

ています。

　つぎに，**「貸家建付地」**についての評価ですが，これは自分の土地にアパートやマンションを建ててその部屋を他人に貸して家賃収入を得ているケースです。

　先に説明した「貸宅地」との違いは「貸宅地」は上物つまり家屋は借り手である借地権者の所有となるのに対し，この「貸家建付地」は，上物も地主のものだということです

　この貸家建付地の評価につきましては，まず貸宅地の場合と同じように，自用宅地（更地）としての評価額を路線価方式あるいは倍率方式の算式で求めます。

　つぎに，借地権割合に借家権割合（平成18年より全国一律に30％）を掛け，さらに自用宅地の評価額を掛けます。これが，いわば借り手側の数字です。

　ですから，自用宅地からこの数字を差し引いた額が，求める貸家建付地の評価額です。

自用宅地の評価額－（借地権割合×借家権割合×賃貸割合×自用宅地の評価額）＝貸家建付地の相続税評価額

※賃貸していない空き部屋のある場合には，床面積の割合で賃貸割合を計算します。
　賃貸している部屋数の合計÷その建物の全部屋数×100＝賃貸割合（％）

　この割合算定の場合，空き室の考え方はたまたま相続の時期には空き室となっていたが，継続的に賃貸されており，入居者の募集をしている場合は空き室扱いしなくてもいいことになっています。ただし，一戸建

ての貸家の場合には，一時的な空き家の場合も貸家建付地の適用はダメのようです。

　上記のように貸宅地や貸家建付地を評価していくわけですが，(1)路線価方式の末尾でも記述しましたように，まず，「土地及び土地の上に存する権利の評価についての調整率表」は税務署で求められます。そして具体的には，作成する際に必要な「土地及び土地の上に存する権利の評価明細書」(第1表) 裏面 (第2表)」という用紙も税務署にありますのでそれに基づいて，埋め込んでいってもらえればいいのです。

　(1)の路線価方式では表面の第1表を使用しますが，この貸宅地，貸家建付地の評価をする場合には裏面の第2表を使用します。

3　「小規模宅地等の評価減の特例」について

　さて，これまでは宅地の評価のしかたとして，いわば第1段階的なこととして(1)路線価方式(2)倍率方式２貸宅地と貸家建付地について記述してきましたが，ここからは第2段階としての貴家の宅地が「小規模宅地等の評価減の特例」の適用が受けられるかどうか，またどのように軽減されるかについて記述していこうと思います。

　先に記した広大地の適用（最大35％評価——65％評価減）を受けられる所は本当にレアーなケースと思いますが，この「小規模宅地等の評価減の特例」は多くの人が適用できる特例だと思います。

　極論をすれば，この「小規模宅地等の評価減の特例」を受けられるかどうかが相続税額を決める決定的要因であるとさえ言えます。

　では，個別に説明していく前にどれほど評価額が下がるかについて触れておきます。

　まず，自宅など居住用の宅地について適用を受ける特定居住用宅地等

の場合には330㎡（100坪）（平成26年12月31日までに開始する相続は240㎡）までの面積については80％の減額ができます。

また，特定事業用宅地等，特定同族会社事業用宅地等につきましては，実に400㎡（約121坪）までの面積については80％の減額ができます。

アパートやマンション等の不動産貸付業の場合であっても200㎡（約60坪）までの面積については50％の減額ができます。

※ただし，これらの特例の適用を受けるためには相続税の申告をしなければなりません。後ほど記述する「配偶者の相続税額の軽減」もそうなのですが，申告をして初めてＯＫが出される規定なのです。
　また，遺産分割協議書の添付が必要です。

ですから，相続税の計算過程においてこの適用を受けた結果，基礎控除額以下となっても適用前の数字を考慮し，申告するかしないかを判断しなければなりません。

なぜこのように大幅な減額がなされることになったかというこの法律の趣旨ですが，これら居住用宅地や事業用宅地は相続財産とはいえ，そもそもこれらは生活の基盤であり，これらにまで通常どおり高い評価でストレートに課税されたのでは，生活自体がおびやかされかねないといったところから考慮された規定なのです。

法律的にも，第１段階的な(1)路線価方式(2)倍率方式**２**貸宅地と貸家建付地のように財産評価基本通達において評価されるものではなく，特例としての**租税特別措置法**に出ているのです。

それだけ大事な法律ですので，是非とも受けてもらいたい特例です。

(1)　では**特定居住用宅地等**とはどういうものなのかについて記述して

いきます。
　この適用を受けられる場合の要件につきましては，まず，相続が開始される直前において被相続人等の居住の用に供されていた宅地等であるということです。
　また，誰がこの宅地を相続するかによって，各人ごとにその要件が異なってきます。

① まず，配偶者が相続する場合においては何の要件もありません。

② つぎに，被相続人と同居していた親族が相続する場合には，相続開始の時から相続税の申告期限までは引き続きその家屋に住み，かつ，その宅地等を保有していなければなりません。

③ つぎに，被相続人の配偶者や同居する法定相続人がいない場合において持ち家のない別居親族が相続する場合には，申告期限まではその宅地等を保有していなければなりません。

④ そして，被相続人と生計を一にしていた親族が相続する場合には，相続開始の直前から申告期限まで引き続きその家に住み，かつ，その宅地等を保有していなければなりません。

以上が，各人ごとの適用要件となっています。
　つまり，これに該当する場合には，**330㎡（100坪）**の宅地面積までは**80％の評価減**ができるということです。

　では，この適用を受けられるかどうかをめぐって，税務当局とよく争

いのあった事例について2点のことを記述しておきます。

なにしろ、この適用が受けられるかパーになるかでは数百万円、あるいは時として数千万円もの税金が異なってくるからです。

まず1点目は、よくある**親子の二世帯住宅のケース**です。

例えば、親の宅地に、1階に両親家族、2階に子供家族が住み、しかも外階段（二世帯住宅完全分離型）で区分されているような構造の場合です。

この場合は平成25年12月31日以前までは2階部分に対応する敷地については「小規模宅地等の特例」の適用はなかったのですが、平成26年1月1日以降の相続からは1階部分はもちろん2階部分についても適用が受けられることとなったのです。

しかし、この場合の注意点は、建物の区分所有登記がされていないということが、条件となっています。

つぎに、2点目は、少子高齢化社会における傾向として、要介護認定または要支援認定を受けた被相続人が**老人ホームに入っているケース**について記述します。

平成25年12月31日以前までは、被相続人が入所するために、その老人ホームの所有権を取得したり、あるいは終身利用権を取得した者に対しては、この「小規模宅地等の課税の特例」を受けられなかったのです。

しかし、平成25年度の税制改正により平成26年1月1日以降は、このような場合であっても、その被相続人の自宅を老人ホームへの入所後に事業用または居住用として被相続人等以外の者に貸付けていなければ（空き家になっているということ）、この特例が適用されることになりました。

(2) ではつぎに**特定事業用宅地等**について記述していきます。

この特例は、自営業者（被相続人）などが持っていた工場や店舗の敷地として使用していた土地を相続する場合のことです。

このような土地は、その事業を受け継いだ相続人にとっては、いわば生活を支える基本的な財産であり、仕事を続ける上において欠かせない財産なのです。そこで、こういう人を税金の側面から救済してやろうというのが、この「特定事業用宅地等」についての特例なのです。

この特例に該当した場合には、実に400㎡までの面積について8割も減額してもらえるのです。

では、その要件はといいますと、被相続人自身が事業を行っていた場合にその親族が相続したケースと、被相続人と生計を一にしていた親族が自己の事業を行っていた場合にその親族が相続したケースとがあります。

前者の要件としましては、被相続人の行っていた事業を申告期限まで行いつつ承継し、かつ、その宅地を申告期限まで保有していること。

後者につきましては、相続開始の直前から申告期限まで引き続きその土地の上で事業を行っており、かつ、その宅地を申告期限まで保有していること。

(3) つぎは、**特定同族会社事業用宅地等**についてですが、これは先に説明した「特定事業用宅地等の特例」のいわば法人版といったところです。

被相続人及び被相続人と生計を共にする親族とで、その会社の発行済株式総数（出資の総額）の50％超を有する同族会社に、事業用宅地を貸付けているケースです。

平たく言えば、中小企業のオーナー社長が自己の宅地を自己の会社に

貸付けているケースです。

この場合，この「小規模宅地等の特例」が適用されるためには2つの条件があります。

まず第1点目は相続税の申告期限において，その会社の役員となっていなければならないということ。

2点目は相続する親族は，申告期限までその宅地を保有していなければならないということ。

以上，2点ですがこの特例を受けることができる場合は，先の「特定事業用宅地等」と同様に400㎡までの面積について8割の減額ができるのです。

(4) つぎに，不動産貸付業（貸宅地・貸家建付地），駐車場業（アスファルト舗装または屋根付き）あるいは事業に至らない不動産貸付行為で相当の対価を得て継続している事業（準事業という）の場合には，**貸付事業用宅地等**の評価減の適用を受けることができます。

これはいわば先に説明した「特定事業用宅地等」の適用を受けるに際し，業種の関係で受けられなかった者たちを救済するためにできたような措置といえます。

ですから，その減額の規模も小さく「特定事業用宅地等」は限度面積が400㎡，減額割合が80％であったのに対し，この特例は限度面積が200㎡のうえ減額割合も50％しかなく大きく制限されています。

この特例の適用を受けることのできる要件につきましては，やはり先の「特定事業用宅地等」において説明したときと同じで，被相続人自身が事業を行っていた場合にその親族が相続したケースと，被相続人と生計を一にしていた親族が自己の事業を行っていた場合にその親族が相続

したケースとがあります。

前者の要件としましては，被相続人の行っていた事業を申告期限まで行いつつ承継し，かつ，その宅地を申告期限まで保有していること。

後者につきましては，相続開始の直前から申告期限まで引き続きその土地の上で事業を行っており，かつ，その宅地を申告期限まで保有していること。

今まで(1)特定居住用宅地等，(2)特定事業用宅地等，(3)特定同族会社事業用宅地等，(4)貸付事業用宅地等と説明してきましたが，これらを併用，つまり合わせてその適用を受けることもできます。

例えばよくあるケースとして(1)の特定居住用宅地等の330㎡の適用を受けつつ，(2)の特定事業用宅地等の400㎡の適用をフルに受けるといった完全併用型があります。両方合わせて730㎡の面積の評価が80％削減されるということです。つまり第１段階で１億円の評価であったものが2,000万円までに下がるということです。

以前は居住用と事業用合わせて400㎡までといった制限があったのですが，平成27年１月１日の相続からはこれがなくなりました。

以上で，**土地の評価**を終了します。何度も記述しますが，相続財産のうち土地の占める割合が全相続財産中46％ともっとも割合が高く重要なのです。大変でしょうがしっかりやってください。

特に，「小規模宅地等の評価減の特例」をうまく生かせるかどうかが相続税の決め手になります。

それでは，つぎに「家屋の評価」について記述していきます。

2　家屋の評価のしかた

　この項では，土地の上に建っている家屋の評価について記述していきます。

　家屋につきましては，土地の評価とはまったく異なりいたってシンプルです。

　原則的には，この家屋の評価は前項の(2)倍率方式のところで記述しました「固定資産税評価額」（所在地の市町村役場で入手できる）をもとに計算します。

　ところで，この家屋についての評価はその家を自分で使用しているのか，それとも人に貸しているのかによって評価方法が異なっています。

　当然のことですが，人に貸せば借り手側に借家権が発生します。大家さんからすればその分利用が制限されるわけですから，その分が控除されることとなるのです。

　それでは以下，自分で使用しているケースと，人に貸してあるケースとに分けて記述していきたいと思います。

※先の２の貸宅地の評価のところで，「借り手側に相続が発生した場合には，当然のことですがこの借地権は相続財産ということになります」と記述しました。

　では，借家権の場合はどうかといいますと，借家権が相続財産の課税対象になるケースは，一部例外的な地域を除いてほとんどのところでは評価しません。

1　自分で家屋を使用している場合

　家屋について評価する場合，１棟の建物ごと評価しますから電気設備やガス設備はその中に含まれていますので，それらを改めて評価する必

要はありません。

　ただ，注意しなければならないのが，相続が起きた時にちょうど建築中の建物があったとか，家屋から独立した門・塀等の評価，または庭園設備等の評価を忘れてはならないということです。

　それらの計算式は以下のとおりです。

☆　**居住，事業用を問わず自ら使用している家屋・・・・固定資産税評価額×1**＝相続税評価額

☆　**只今建築中の家屋・・・・費用現価×0.7**＝相続税評価額

　※費用現価とは，着工してから相続開始までの建築費用等の総額

☆　**庭園設備・・・・・・再調達価額×0.7**＝相続税評価額

　※再調達価額とは，相続時点において同じものを取得したときにかかる価額

☆　**門・塀・・・・・・・再建築価額－経過年数分の減価償却費**＝
　　　　　　　　　　　　　相続税評価額

　※再建築価額とは，課税時期においてその財産を新たに建築等するために要する費用

　また，一戸建ての建物ではなく，マンションの一部屋の場合は，つぎのように評価します。

**　　固定資産税評価額（建物部分）＋土地部分（マンションの
　　　　　　　　全敷地の評価額×持分割合）＝相続税評価額**

　以上が，自分の住まいとしていようが，仕事に使っていようが自ら使用している家屋についての評価方法です。

2　人に家屋を貸している場合

　ここからは他の人に貸している場合の家屋の評価について記述していきたいと思います。

　マンションや一戸建て等を賃貸している家屋（建物）の評価は，家屋としての固定資産税評価額から借家権割合（全国一律30％）を差し引いた額です。

　この場合，一戸建てのケースは固定資産税評価額の70％評価でいいのですが，集合住宅の場合には空き部屋問題がありますので，つぎのような算式となります。

固定資産税評価額×（１－借家権割合）×賃貸割合
＝貸家の相続税評価額

　賃貸割合につきましては，前項の**2**の「貸家建付地」のところに記述しているとおりです。ご参照ください。

3　自用（居住用）と貸付用とが併用されている建物の場合

　つぎに，居住者（オーナー）と賃借人が住んでいるビルの評価について記述します。

　例えば，被相続人の土地の上に５階建のビルを建て，１階から４階までを人に貸し，自分たちは５階に居住しているといったケースはよく見かけます。

　この場合の評価は，自宅部分と賃貸部分とに分けて評価します。

　自宅部分の５階につきましては，固定資産税評価額そのものズバリの価額（つまり１倍ということ）で評価し，１階から４階までについては貸家としての評価をします。

仮に ①建物の評価額（固定資産税評価額）が5,000万円
　　　②借家権割合（これは全国一律30%）
　　　③賃貸割合が100%（つまり空き室なし）の場合

上記の計算式は次のとおりです。
5階部分（居住用）・・・・・5,000万円×0.2＝1,000万円
1階〜4階部分（賃貸部分）・5,000万円×0.8×（1－0.3）＝
　　　　　　　　　　　　　　2,800万円

ということで，そのビル全体の評価額は，3,800万円となります。

ここまでで，家，屋敷の評価額は終了です。つぎは有価証券，つまり株式（株券）の評価です。いよいよ佳境に入ってきます。でも，株をお持ちでない人は飛ばしていっていただいて結構です。

3　有価証券の評価のしかた

1　株式の評価について

有価証券のうち**株式**につきましては，相続税の評価上3つの方法を定めています。

まず，最初は皆さんご存知の証券取引所に上場されている**上場株式**，つぎに店頭管理銘柄とか登録銘柄と称される**気配相場等のある株式**，そしてそのいずれにも該当しない**非上場株式（取引相場のない株式）**の以上3つの評価方式です。

(1) **上場株式について**

トヨタ自動車であるとか三菱ＵＦＪといった証券取引所に上場されている上場株式の評価方法は，つぎの4つの価格のうち最も低い価額で評

価することになっています。
　①　被相続人の死亡の日の最終価格（終値）（もし，その日が休日であるとか値がつかないときは，その日の前後で最も近い日の終値）
　②　被相続人が死亡した月の，最終価格の月平均額
　③　被相続人が死亡した月の，前月の最終価格の月平均額
　④　被相続人が死亡した月の，前々月の最終価格の月平均額

　株式をやっている方はお分かりでしょうが，①の終値を調べるのには被相続人が亡くなられた日の次の日の新聞の「株式欄」を見てもらえれば出ています。
　②，③，④の月の終値の平均額につきましては，証券会社に聞くとか，株式の専門雑誌で調べるとか，税務署でも資料が置かれていますので分かります。

(2) **気配相場等のある株式について**

　気配相場等のある株式につきましては，2種類あります。
　1つ目は，よく耳にするものに登録銘柄とか店頭管理銘柄というのがありますが，それのことです。
　これはいわゆる店頭公開株のことでして，その評価のしかたは先に記述した上場株式の評価のしかたと同じです。
　2つ目は，公開途上にある株式の評価ですが，これにつきましては，その上場または登録に際して，株式の公募または売り出しが行われる場合における公開価格によって評価します。

(3) **非上場株式（取引相場のない株式）について**

　中小企業白書によれば，わが国の中小企業の会社数は150万社強ということで，全会社数に占める割合は，実に99.2％とのことです。
　この中小企業のほとんどが，この取引相場のない株式の評価をすると

いうことです。

　会社経営とまったく無縁の人にとっては馴染みがないかもしれませんが，社長（オーナー）や後継者にとっては実に関心事の高い事柄といえます。

　そして，これがまた換金性のない割に，実に高い評価となるのです。経営者や後継者にとっては，これが事業承継問題での大きな壁となり，頭痛のタネとなっているのです。

　さて，上記のようなことから，被相続人が生前，サラリーマン等の給与所得者であった人にはあまり関係のないことかもしれませんが，会社経営に係わりのあった人には重要な箇所です。

　では以下，これについて記述していきます。
　取引相場のない株式，つまり自社株の評価につきましては，税務署に置かれている**「取引相場のない株式（出資）の評価明細書」**というのを使って作成していきます。
　その評価の方法は，**類似業種比準価額方式**，**配当還元価額方式**と**純資産価額方式**の以上３種類の方式があります。
　３種類あるからといって，そこから何を選んでもいいということではありません。
　会社の規模やその株式を相続（取得）する株主の性質によって，どの方式で評価せねばならないかが決定されるというわけです。
　株主の性質とは，株式を取得する者が同族株主（議決権を多く持っているオーナー株主グループ）であるか，それ以外の「少数株主」であるかといったことです。
　また，会社の規模というのは，業種区分で異なり，従業員数であった

第2章 相続税の計算過程について

り、純資産価額であったり、1年間の取引額等々でその規模を決めます。

※ **「取引相場のない株式（出資）の評価明細書」の用紙を調達し、会社の申告書（決算書）の数字を埋めこんでいけば自動的に判定できます。**

その区分において大会社（一般的にいう大会社ということではなく評価上の規模のこと）と判定された会社は類似業種比準価額方式で評価します。

また、中会社と判定された会社は類似業種比準価額方式と純資産価額方式との双方を採り入れた併用方式で評価します。

また、小会社と判定された会社は、純資産価額方式となります。

少数株主の持つ取引相場のない株式は配当還元価額方式で評価します。

① **類似業種比準価額方式**とは評価会社（当社）と評価会社と業種が類似する上場会社の株価、会社の配当利益、純資産をもとにして株価を算出する方式です。

以下のような計算式です。

$$\text{類似業種の株価} \times \frac{\dfrac{\text{当社配当金額}}{\text{類似会社配当金額}} + \dfrac{\text{当社利益金額}}{\text{類似会社利益金額}} \times 3 + \dfrac{\text{当社純資産価額}}{\text{類似会社純資産価額}}}{5} \times 0.7$$

注1 当社利益金額が0の場合には、分母の「5」の数字は「3」となります。

注2 「0.7」の数字は、中会社の場合には「0.6」となり、また小会社の場合には「0.5」となります。

② **配当還元価額方式**とは会社での支配権の少ない株主，つまり少数株主が取得する取引相場のない株式を評価するときに使う方式で，年配当金額から逆算して株価を算出します。

以下のような計算式です。

$$\frac{当社の年平均配当金額}{10\%} \times \frac{当社の1株当たりの資本金の額}{50円} = 配当還元価額$$

注　当社の年平均配当金額＝直前期末以前2年間の年平均配当金額
　　　　　　　÷（資本金額÷50円）

この金額が2円50銭未満の場合は2円50銭とします。

③ つぎに**純資産価額方式**についてですが，これは先に記述しました小会社と判定された場合に採用する方式です。

評価しようとする会社の帳簿価額を，一たん相続税評価基準によって評価替し直しその資産合計額から負債を差し引いた金額を基にして株式を評価します。

※この相続税評価基準による場合の注意点は，帳簿価額に記載されていない借地権や特許権等を記載しなければならない反面，逆に帳簿価額に記載されている財産性のない繰延資産は記載しなくてもいいこととなっています。

さてこの方法ですと，通常は歴史の長い含み資産の多くある会社は株価が高くなります。

以下のような計算式となります。

［総資産額（相続税評価額）－負債の合計額－評価差益に対する法

人税等相当額]÷（発行済株式数－自己株式数）＝１株当たりの純資産価額

※上記計算式の「評価差益に対する法人税等相当額」は以下のとおりです。
［（相続税評価額による総資産額－負債合計額）－（帳簿価額による総資産額－負債合計額)］×（法人税等相当額・・・通常40数％）
※また，上記計算において，同族グループの議決権割合が50％以下の株主の場合，１株当たりの純資産価額は20％評価減できます。

④　さて，取引相場のない株式の評価方法として３つの方式について記述してきましたが，実務的にはこの３つの方式のうち中会社と判定された会社では**類似業種比準価額方式と純資産価額方式とを併用**した形で評価します。

一口に中会社といっても，そのうち大，中，小に分けられそれぞれの評価方法で評価します。

この場合「Ｌ」の割合というのを使うのですが，中会社の大の場合は0.9，中会社の中の場合には0.75，中会社の小の場合には0.6と決められているのです。

つまり中会社のなかにも大，中，小があり，そのうち大の会社は大会社の採用する類似業種比準価額方式によりウエイトが置かれ，小の会社は純資産価額方式によりウエイトが置かれているということです。

では，その中会社における併用方式の算式ですが以下のようになっています。

55

$$(類似業種比準価額 \times L) + [(純資産価額 \times (1-L)]$$

 以上、取引相場のない株式について、その評価額には大会社、中会社、小会社それぞれにおいて評価基準が異なるということがお分かりのことと思います。

 大会社は類似業種比準価額方式で、そして中会社は類似業種比準価額方式と純資産価額方式との併用方式、また小会社は基本的には純資産価額方式で評価します。

 では、具体的にどのように評価していくかといいますと先にも触れましたが「取引相場のない株式（出資）の明細書」を手元に、そして直前3期分の申告書（決算書）を用意して正確に数字を埋め込んでいくことが大切です。

 また、類似業種比準価額を計算する際には「日本標準産業分類の分類項目と類似業種比準価額計算上の業種目との対比表」であるとか「日本標準産業分類」等によりまず貴社の業種を決めなければなりません。

 そしてつぎに国税庁から出されている「類似業種比準価額計算上の業種目及び業種目別株価等」から数字を拾っていく必要があります。

⑤ 「相続税の納税猶予の特例」

 さて、この(3)非上場株式（取引相場のない株式）についての最後の締めくくりとして、非上場株式等についての**「相続税の納税猶予の特例」**について少し触れておきます。

 これも、特例といわれるように、1の3で説明した「小規模宅地等の評価減の特例」と同じで租税特別措置法において規定されています。

 これはいろいろの面で非常に面倒でハードルが高く、本書の読者には

あまり関係がないと思われるので概略のみを記述して，あとは割愛させていただきたいと思います。

では，この特例の結論から言いますと，会社の後継者が株式を相続し，その後も会社を経営していく場合には「その株式に係る課税価格の80％に対応する相続税」の納税が猶予される，という制度です。

平成21年度の税制改正で創設された制度ですが，その条件が厳しかったこともあり，当初の認定件数はごく僅かだったのです。
しかし，平成25年度の税制改正において，多くの要件が緩和されたこともあり，平成27年1月1日以降はかなり適用が受けやすくなっております。
このうちでも，特に**平成25年4月1日から経済産業省への事前確認が不要になった**ことが，この適用を受けやすくなった最大の要因です。

とはいえ，被相続人の要件であるとか，経営承継相続人等の要件であるとか，または認定対象会社は風俗営業会社ではダメだとか，従業員数とか，総収入金額とか諸々の要件をクリアしていなければなりません。
その上，申告が終わってからも，その後5年間は毎年経済産業局へは「年次報告書」，税務署へは「継続届出書」を提出しなければなりませんし，5年経過後も3年に1回は税務署へ「継続届出書」を出さなければなりません。

しかも，免除期間までにその株式を譲渡したり，経営承継相続人等が代表者でなくなったり，雇用の8割を維持できなくなったり，会社が資産管理会社に該当するようになった場合には，納税猶予が取り消され，

納税猶予税額ばかりか高率な利子税まで納付しなければなりません。

ちなみに先ほどの税務署への「継続届出書」の提出が滞っただけでも，原則的にはこの特例が打ち切られるということです。

以上で有価証券における株式の評価の記述を終了します。つぎは公社債等について記述していきます。

2　公社債の評価について

公社債とは語句のとおり公債と社債のことで，国や地方自治体が発行し資金調達するものを公債といい，株式会社等の企業が資金調達するために発行するものを社債といいます。いずれも有価証券の一種です。

さて，利付公社債や貸付信託などの金融商品をお持ちの方は多いと思われます。

それでは，以下公社債の評価について説明していきたいと思いますが，これらの評価方法はそれぞれの金融商品に応じた評価方法で評価することになっております。

(1) 利付公社債について

これは，券面に利札（クーポン）が付いている公社債のことです。年間の一定期日に利息が支払われます。

① 上場されている利付公社債

上場されている利付公社債の評価方法はつぎの通りです。

（最終価格＋税引後の既経過利息）×（券面額÷100円）＝市場価格を基にした評価額

※1 この算式での「最終価格」あるいは「税引後の既経過利息」は，券面額100円当たりの金額です。

※2 この算式での「既経過利息」とは［（前回の利払日から相続日ま

での日数÷365）×100×利率］です。
※3 この算式での「最終価格」は売買参考統計値が公表される銘柄である場合には，最終価格と平均値とのどちらか低い方となります。
② 売買参考統計値が公表される銘柄としての利付公社債（上場されているものを除く）

売買参考統計値が公表される銘柄としての利付公社債の評価方法はつぎの通りです。

（平均値＋税引後の既経過利息）×（券面額÷100円）＝市場価格を基にした評価額

※ この算式での「平均値」あるいは「税引後の既経過利息」は，券面額100円当たりの金額です

③ その他の利付公社債

その他の利付公社債の評価方法はつぎの通りです。

（発行価格＋税引後の既経過利息）×（券面額÷100円）＝発行価格を基にした評価額

※ この算式での「発行価格」あるいは「税引後の既経過利息」は，券面額100円当たりの金額です。

以上，利付公社債として3つのケースについて記述しましたが，利付債としての**個人向け国債**の評価につきましては，課税時期（被相続人の死亡の日）において中途換金した場合に支払を受けることのできる価額により評価します。

(2) **割引公社債について**

割引公社債とは，利付公社債のように利払いはありませんので，その分最初から券面額より割り引いた価格で発行します。その券面額と発行価格との差額（償還差益）が利子部分に相当します。

① 上場されている割引公社債

上場されている割引公社債の評価方法はつぎの通りです。

　（最終価格）×（券面額÷100円）＝市場価格を基にした評価額

※1 この算式での「最終価格」とは，券面額100円当たりの金額です。

※2 この算式での「最終価格」は売買参考統計値が公表される銘柄である場合には，最終価格と平均値とのどちらか低い方となります。

② 売買参考統計値が公表される銘柄としての割引公社債（上場されているものを除く）

売買参考統計値が公表される銘柄としての割引公社債の評価方法はつぎの通りです。

　（平均値）×（券面額÷100円）＝市場価格を基にした評価額

※この算式での「平均値」とは，券面額100円当たりの金額です。

③ その他の割引発行されている公社債

その他の割引発行されている公社債の評価方法はつぎの通りです。

　［発行価格＋（券面額－発行価格）×（発行日から相続日までの日数÷発行日から償還期限までの日数）］×（券面額÷100円）＝発行価格を基にした評価額

※この算式で「発行価格」とは，券面額100円当たりの金額です。

(3) **転換社債について**

これは，ある期間が経過しますと，その転換社債を発行している会社の株式に転換することができる社債のことです。

① 金融商品取引所に上場されている転換社債

上場されている転換社債の評価方法はつぎの通りです。

　課税時期の「最終価格」＋税引後の既経過利息

※この算式での，課税時期に金融商品取引所の公表する「最終価格」がない場合には，課税時期前の最終価格のうち，課税時期に最も近

い日の最終価格とします。

② 日本証券業協会に店頭転換社債として登録された転換社債

店頭転換社債として登録された転換社債の評価方法はつぎの通りです。

　課税時期の「最終価格」＋税引後の既経過利息

※この算式での，課税時期に日本証券業協会の公表する「最終価格」がない場合には，課税時期前の最終価格のうち，課税時期に最も近い日の最終価格とします。

③　それ以外の転換社債

それ以外の転換社債については2通りあります。

☆　②に該当しない転換社債の評価方法はつぎの通りです。

　「発行価格」＋税引後の既経過利息

☆　転換社債の発行会社の株式の価額が，その転換社債の転換価格を超える場合の転換社債の評価方法はつぎの通りです。

　転換社債の発行会社の株式の価額×（100円÷その転換社債の転換価格）

(4) **貸付信託受益証券について**

これは，「貸付信託法」の規定に基づく信託で，受託者が多数の委託者から受け入れた金銭を貸付または手形割引等の方法により合同して運用する金銭信託であって，その運用することで得られた利益を受けることのできる権利が表示された有価証券のことです。

これの評価額は，その証券を発行した信託銀行等が課税時期において，その証券を買い取るとした場合の買取り価格です。

貸付信託受益証券の評価方法はつぎの通りです。

　元本の価額＋既経過収益の額－源泉所得税相当額－買取割引料

(5) **証券投資信託受益証券について**

これは，「投資信託及び投資法人に関する法律」の規定に基づく証券

投資信託で，投資信託会社が，投資家から集めた資金を，株などの有価証券に投資して得たその運用益を受けることができる権利を表示した有価証券のことです。

これの評価額は，課税時期において解約請求あるいは買取請求を行ったとした場合に，証券会社などから受けることのできる価額です。

証券投資信託受益証券の評価方法はつぎの通りです。

① 中期国債ファンドやＭＭＦ等のような日々決算型の証券投資信託受益証券の場合

1口当たりの基準価格×口数＋未収分配金－源泉税相当額－解約手数料等

② ①以外の証券投資信託の受益証券の場合

1口当たりの基準価格×口数－源泉税相当額－解約手数料等

4 現金・預貯金の評価のしかた

1 現金の評価について

現金の評価につきましては，一応，相続開始日現在における手持ち金額ということです。

2 預貯金の評価について

(1) 普通預金の場合の評価

普通預金の評価をする場合は，原則的には，被相続人が亡くなられた日の預金残高が相続税の評価額となります。つまり，銀行や郵便局等金融機関から取得する亡くなられた日付の残高証明書に記載された金額です。

通常，定期預金の場合にはこの残高に税引後の既経過利子がプラスされるのですが，普通預金の場合で，利子が少額なものに限り，そこまで

する必要はないということです。

　余談ですが，金融機関への過保護政策のため，ここ数十年はほぼゼロ金利時代が続いていることもあり，普通預金ばかりか定期預金であってもその利子は微々たるものです。

(2) **定期預金・定期郵便貯金等の場合の評価**

　定期預金の評価についてはつぎの通りです。

　　被相続人が亡くなられた日の残高＋税引後の既経過利息
　※この算式で「既経過利息」とは相続開始日に，仮にその定期預金を解約した場合の税引後の利子相当額です。また，この際の利率ですが相続開始の時における期限前解約利率で計算します。

　※相続税申告書作成上，この定預預金の利息は第11表におきまして「現金預貯金等」の箇所ではなく「その他の財産」のところで「未収利息」として記入します。

　なお，普通預金あるいは定期預金等の相続税の評価を算出する際に気をつけねばならないことは，通帳の名義がたとえ被相続人のものでなくとも（つまり通帳の名義が子供や孫あるいは配偶者名義であったとしても）実質的に被相続人のものである場合には相続財産となり課税対象となります。
　また，このことは前項において記述した株式，公社債等につきましても同様のことが言えます。
　名義うんぬんは実際に生前贈与があったかどうかが問題で，被相続人（贈与者）からすれば相手方（受贈者）は何の義務も負わないから，簡

単に一方的に名義を変更しておけばいいのだろうと安易に考えますが，それは通用しないということです。逆にいえば後々トラブルを起こさないためには，その都度しっかりした贈与契約書を作成しておくとか通帳，印鑑は受贈者の方に移管されていなければなりません。しかし，ここが人の心の機微とでもいいますか，被相続人のもっとも葛藤されるところです。本当はここでケジメをつけておきたいものです。

あるいは税額が発生する場合には，税務署に贈与税の申告をしておかなければなりません。

(3) 外貨の相続税評価

被相続人からアメリカの通貨である米ドル等外貨を相続した場合には，相続税の計算上すべて日本円に換算しなければなりません。

通常，金融機関の公表する為替レートには

① 対顧客直物電信買相場（ＴＴＢ）
② 対顧客直物電信売相場（ＴＴＳ）
③ 外国通貨買相場（Cash Buying）
④ 外国通貨売相場（Cash Selling）
⑤ 一覧払い買相場（At Sight Buying）

等々がありますが，相続税の評価をする場合，このうちどの相場で邦貨換算するかということです。

この場合，財産評価基本通達では，外貨預金の支払あるいはトラベラーズ・チェックの買取り等々の場合に適用される為替相場である，対顧客直物電信買相場（ＴＴＢ）によるべきであると定められています。

ＴＴＢとは，もっと平たくいえば，金融機関が顧客から外貨を買って円貨を支払う場合の為替相場のことです。

5 家庭用財産の評価のしかた

1 家庭用財産とは

相続税の課税対象は、原則的には被相続人が亡くなった時点で、その被相続人から相続人が取得した金銭に見積もることのできる経済的価値のある、あらゆる財産に及びます。

したがいまして、家庭用財産も立派な相続財産として課税対象となります。

このなかには、たとえば自動車であるとか家具類であるとか高価な衣装、貴金属、テレビ等々が該当します。

2 家庭用財産の評価について

さて、評価方法ですが、家庭用財産は一般動産として以下のような評価方式となります。

原則　売買実例価額あるいは精通者意見価格等を参酌して評価します。
例外　（課税時期における、その動産と同種の新品の小売価格）－（経過年数の減価償却費）

基本的には、このような評価方法で一個または一組ごとに評価するのですが、個々に評価するのは大変ですから、一組5万円以下のものについては一括して評価してもいいこととなっています。

では、実務ではどうかといいますと、「家財一式〇〇万円」というように申告しているようです。

☆ **自動車の評価**

これの評価は相続開始時点における時価で評価します。具体的には

① 実際に行われている売却価格を参考にします。
② 中古車の買取りを専門にしている業者の査定価格を参考にします。
③ 車種，走行距離，年式等を総合的に勘案し，売り出している中古車価格を参考にします。
④ これは先の例外に当たる方法で，相続開始時における新品小売価格から経過年数の減価償却費を控除した価格

等々とありますが，そのいずれかで評価します。

6 事業用財産の評価のしかた

1 事業用財産とは

通常，個人で商店や事業経営している人は亡くなられてから4か月以内に**「準確定申告書」**を作成し，税務署に申告しなければなりません。

ところで，会社（法人）の場合ですと，その会社の受取手形や売掛金，棚卸商品等々といった資産や，反対に借入金や未払金といった債務については，3の1の(3)非上場株式（取引相場のない株式）について，の箇所で記述したとおり会社のものとして評価されます。

ですから，被相続人の会社であったからといって改めて，会社の受取手形や売掛金等の債権を相続財産とする必要はありません。

但し，被相続人が会社に貸付けていた債権（会社からすると借入金…会社の貸借対照表に記載されている借入金の金額）は相続財産となりますから要注意です。

しかし，個人で事業をやっているケースではそうはいきません。

つまり，上記の「準確定申告書」作成時（被相続人の死亡時）における貸借対照表に記載された事業用財産（棚卸商品・受取手形・売掛金・貸付金・未収金等）はすべて相続財産となります。

2　事業用財産の評価について

事業用財産につきましては，様々な種類がありますが，その評価につきましては種類ごとにそれぞれの評価方法があります。

(1) 棚卸商品の評価

個人経営している人は，商品在庫を相続財産として評価しなければなりません。

① 商品または製品の場合の評価

☆ 所得税，法人税で採用している棚卸資産の評価額
☆ 課税時期の販売価額－（適正利潤額＋予定経費＋消費税額）
２つのうちどちらかの方法が選択できます。

② 原材料の場合の評価

　課税時期の原材料の仕入価額＋材料の引取運賃その他の経費等

③ 半製品または仕掛品の場合の評価

　課税時期の原材料の仕入価額＋（材料の引取，加工等にかかる運賃＋加工費等）

(2) 受取手形の評価

① 支払期限がすでに到来している受取手形または６か月を経過する日までに支払期限の到来する受取手形の評価

その券面額によって評価します。

② ①以外の受取手形の評価

金融機関において割引を行った場合に回収し得ると認める金額によって評価します。

(3) 貸付金・売掛金・未収入金等の評価

個人経営をしておれば，貸付金や売掛金あるいは未収入金等が発生するのはごく当たり前のことです。

これらはいったいどのように評価するのでしょうか。

もちろんこれら債権の相手側（債務者）が手形交換所で取引の停止処分を受けているとか，破産宣告があったとか，民事再生法の規定による再生手続開始の決定があったというような特殊なケースは別として，通常の場合にはつぎのように評価します。

　　返済されるべき元本＋前回の利息の支払日から相続の日までに生じる利息

7　その他の財産の評価のしかた

■　その他の財産とは

その他の財産として，ここでは書画骨とう品，電話加入権，未収家賃・未収地代等，ゴルフ会員権について記述していきます。

それぞれの種類によって，その評価方法はまちまちですが以下のようになっています。

(1) 書画骨とう品の評価

これの評価方法につきましては，それを持っていた人が誰であったかによって2つに区分されています。

①　被相続人が書画骨とう品の販売業者〈古美術商等〉で売買目的で持っていた場合

この場合は，先の事業用財産のところでの棚卸商品の評価方法と同じです。

☆　所得税，法人税で採用している棚卸資産の評価額
☆　課税時期の販売価額－（適正利潤額＋予定経費＋消費税額）

２つのうちどちらかの方法が選択できます。

②　被相続人が業者ではなく通常コレクション等で持っていた場合

実質実例価額（売買価額）や精通者意見価額で評価します。

精通者意見価額とはプロの買取り業者の査定価格を参考にするといったようなことです。

なお，購入時に数十万円程度で買った書画等を評価する場合，計算上美術品骨とう品ではなく「家財」に入れて申告しても差し支えないと思います。

(2) 電話加入権の評価

電話加入権の評価につきましては２つの場合があります。

その①取引相場のあるもの

　　取引相場のある電話加入権＝課税時期における通常の取引価額

その②取引相場のないもの

　　取引相場のない電話加入権＝国税局長の定める標準価額

ちなみに，平成25年分の東京国税局の定める，東京都の標準価額は2,000円となっています。

また，国税局が出している「平成25年分財産評価基準書東京都電話加入権の評価」によりますと"なお，取引相場のある電話加入権の価額を評価する場合は，財産評価基本通達161（電話加入権の評価）の(1)の定

めにより評価しますが，この標準価額により評価しても差し支えありません"と出ています。

つまり，その①でよく分からないといったような場合にはその②の標準価額で評価してもいいということです。

いずれにしろ，電話加入権の評価額はそれほど高くはないということです。

(3) 未収家賃・未収地代等の評価

マンションを貸していたり，土地を貸している場合には家賃収入や地代収入が発生します。

この場合，被相続人が死亡した時点において既に収入すべき期限が到来しているのにかかわらず，まだ収入していない家賃や地代については未収家賃あるいは未収地代として評価してください，ということです。

この場合，例えば賃貸借契約においてそのマンションの家賃の支払期日が毎月の月末であったとします。

仮に，被相続人が月半ばの20日に亡くなられたような場合，その月の1日から20日までの分を未収家賃として計上しなければならないかどうか，ということです。

もちろん，月末には被相続人は既に亡くなっていますから，その月分は相続人が家賃を貰います。

基本的には，被相続人が死亡した時点（20日）では，いまだその月の家賃の支払期日〈月末〉が到来していませんので，この場合の既経過分（1日～20日まで）の家賃は相続税の課税価格に入れなくてもよいとされています。

(4) ゴルフ会員権の評価

ゴルフ会員権につきましては，バブル全盛期のころ財テク商品として

ずいぶん過熱化した時期がありました。

　銀行員や証券マンといった会員権売買に多少とも関連のある金融機関の人たちも，つまり猫もしゃくしもゴルフ会員権の売買やその仲介にうつつを抜かしていた頃です。

　当時，わたくしの知り合いのゴルフ会員権の販売業者の言葉では『値上がり時は，顧客に本当に感謝されたけど，いったん下落に転じると，顧客の顔が鬼に見えて怖くてもうその顧客のところには顔をだせない』といってぼやいていました。

　なにしろ，その会員権が発売されて１か月ほどで数千万円も値上がりするといったことも珍しいことではありませんでした。

　その後のバブル崩壊。秋の日の"つるべ落とし"のように一気に下落しました。

　余談ですが，彼らはこうも言っていました。『こんな金が紙切れのような時代は長くは続くはずはないよ』と。

　経済評論家が，神話的にまだまだ経済成長は続行すると口をそろえて言っていた頃のことです。

　つまり，大学の先生や評論家よりも実践でやっている彼らの方が肌で実態をつかんでいたようです。

　昨今はそれほどでもありませんが，それでも相場は有価証券と同じく絶えず上下しています。

　また，近ごろはゴルフ業界も様変わりし，一時，幅をきかせていた男子プロ人気も低迷し今は女子プロ花盛りといった様相です。

　ところでゴルフのプレー自体はストレスの解消にもなりますし，老若男女を問わず娯楽の一つには変わりはありません。

　やはり新緑につつまれたいい季節に，いいコースでのプレーは本当に爽快ですし，仕事の疲れを癒してくれます。

さて、このゴルフの会員権ですが、当然のことですが相続財産の課税対象となります。

その評価方法につきましては、まず、取引相場の有無によって区分され、さらに3つの形態に分かれていますので、その評価方法は少し複雑になっています。3つの形態とは

　形態その①株主でなければ、会員になれない会員権（株式制）
　形態その②株主であり、かつ、預託金等を預託しなければ会員となれない会員権（株式預託金併存制）
　形態その③預託金等を預託しなければ会員となれない会員権（預託金制）

以上の3つです。

それでは、皆さんの評価されるゴルフ会員権はどういう内容の会員権であるのかを、まず確認ください。

それでは、ここでは基本的なことを記述していきます。
☆まず、**取引相場のあるゴルフ会員権**の評価について記述します。

① 原則的な評価＝課税時期における通常の取引価格×70％

② 取引価格に含まれない預託金等がある会員権で、課税時期において直ちに返還を受けることのできる預託金等の評価＝（課税時期における通常の取引価格×70％）＋課税時期に直ちに返還を受けることのできる預託金等の額

③ 取引価格に含まれない預託金等がある会員権で、課税時期から一定期間経過後に返還を受けることができる預託金等の評価＝（課税

時期における通常の取引価格×70％）＋返還を受ける預託金等について課税時期から返還を受けることができる日までの期間に応ずる基準年利率による複利現価の額

☆つぎに，**取引相場のないゴルフ会員権**の評価についてはつぎの如くです。

① 株主でなければ，会員になれない会員権（株式制）の評価＝課税時期において株式として評価した金額

② 株主であり，かつ，預託金等を預託しなければ会員となれない会員権（株式預託金併存制）の評価＝課税時期において株式として評価した金額＋預託金等の評価額
※ここでの，「預託金等の評価額」とは先述の，取引相場のあるゴルフ会員権の②及び③のところで掲げた評価方法で計算した金額です。

③ 預託金等を預託しなければ会員となれない会員権（預託金制）の評価＝預託金等の評価額
※ここでの「預託金等の評価額」とは先述の，取引相場のあるゴルフ会員権の②及び③のところで掲げた評価方法で計算した金額です。

そして，株式の所有を必要とせず，かつ，譲渡できない会員権で，返還を受けることができる預託金等がなく，**単なるプレー権のみのもの**は評価しなくてもよいこととなっています。

さて，これまでは**第１章第５節（相続税の計算のしかた）**における相

続財産(**本来の相続財産**)の個々の種類について，その評価方法を記述してきました。

しかし，上記のなかには入っていませんが，資産のなかには，その財産の性格上，また国民の感情，公益性あるいは社会政策的な見地からどうもこれらは財産に入れるべきではないのではないか，という**非課税財産**について記述し，この節の締めくくりといたします。

これらにつきましては，相続税法及び租税特別措置法にでていますが，以下列挙していきます。

① 皇室経済法の規定によって皇位とともに皇嗣が受けた物
② 墓所，霊びょう，仏壇・仏具・神を祭る道具等の祭具，その他これに準ずるもの
③ 宗教，慈善，学術等公益事業を行う者が取得した財産で，その公益事業に使用されることが確実なもの
④ 心身障害者が共済制度に基づいて受けられる給付金の受給権
⑤ 相続人が受け取った生命保険金のうちある一定の金額
⑥ 相続人が受け取った退職手当金等のうちある一定の金額
⑦ 相続財産を国や地方公共団体等に寄付した場合の寄付財産
⑧ 相続財産である金銭を特定公益信託に支出した場合のその金銭

以上が非課税財産として，財産ではありますが相続税の計算上，相続財産に入れなくてもよい財産です。

もちろん皆さんはこれら8項目すべてに該当する方はいらっしゃらないと思われますので貴家に該当する箇所だけに注意をはらってください。

以上で，第1節を終了します。1の土地の評価から始まり，2の家屋，

3の有価証券，4の現金・預貯金，5の家庭用財産，6の事業用資産，7のその他の財産等々と記述してきましたが，これらそれぞれの評価方法に基づき計算した累計額が，第1章第5節の「相続税の計算のしかた」の**相続財産（本来の相続財産）**のところに入ります。

　なお，これらは一般的にかなりなじみのある財産についてその評価方法を記述してきたつもりですが，貴家に関係のないところはドンドン飛ばしていってください。

　それでは，つぎに第2節として，みなし相続財産について記述していきます。

第2節　みなし相続財産について

　さて，この節では，**みなし相続財産**ということで**本来の相続財産**（前節で説明した財産）とは区別される財産について記述していきます。

　みなし相続財産とは，前節の最後に説明しました非課税財産とは反対に，被相続人が生前から持っていた財産ではないのですが，被相続人が死亡することにより，相続人（ご遺族）が受け取ることのできる財産のことです。

　つまり，本来の相続財産ではないのですが，その経済的価値に着目して，相続税法上の措置として，みなし相続財産と命名し，ある一定の非課税枠を設けて，それを超えた部分について課税対象としているのです。

　平たく言えば，これは民法上の相続財産ではないのですが，税法上は被相続人の死亡によって相続人が受け取れる財産となりますので，一応，本来の相続財産と区別してみなし相続財産といっているのです。

　受取人からしますと，通常は受取人が指定されていますので，受取人

固有の財産となる関係上，遺産分割協議書の対象外となります。

　これの代表例としては，被相続人が契約者で，かつ，被保険者となっている契約において，被相続人が死亡したときにご遺族に支払われる生命保険金があります。
　また，被相続人が死亡することにより，企業からご遺族に支払われる退職手当金等といったものがあります。

　それでは，以下⃞1⃞2…項目からこれらの具体例を記述していきます。

⃞1　生命保険金の評価のしかた

　みなし相続財産の代表的なものに生命保険金があります。
　通常，40歳を超えて亡くなられる方のほとんどの人は生命保険に加入しています。
　ですから大半の人はこれに該当すると考えられます。

　ところで，生命保険契約といいますのは，契約者（保険料負担者）と被保険者（保険をつけられる人）と保険金受取人（保険金を受け取れる人）の以上3つのことから成り立っています。
　この場合，被保険者は基本的には変更することができませんが，契約者と受取人の場合はいつでも名義変更できます。
　元来，被相続人が契約者でかつ受取人の場合，被相続人の財産となり通常の相続財産となります。そこで，納税者は，税金逃れのために被相続人の死亡直前に，その受取人を配偶者や子供に書き換えたとします。その結果，配偶者や子供の財産となってしまい相続税を課税できなくなります。

そのような，過度な節税（？）行為を防ぐために，受取人を誰に変更しようが，被相続人の掛けていた生命保険は相続財産とみなして課税します，というのがこの「みなし相続財産」の趣旨です。

よくある例としての「生命保険金」とは，被相続人が契約者であり，かつ，被保険者でありますが，保険金受取人は配偶者あるいは子供といったケースです。

さて，この生命保険金の評価といいますか計算のしかたですが，被相続人の死亡により，生命保険会社等から支給される「生命保険金」のうち，被相続人が負担していた保険料分については「相続財産」として課税対象とされます。

ただし，それがまるまる「相続財産」となるわけではなく，これから生活していかなければならない相続人のことを配慮して，ある一定の控除額が設けられています。

以下の計算式となります。

　　受取生命保険金－（500万円×法定相続人の数）＝課税対象となる相続財産

つまり，数か所の保険会社から受け取った生命保険金のうち，一人当たり500万円の額が非課税とされるということです。

※上記計算式で相続放棄があった場合ですけど，死亡保険金の受取人が放棄した場合には非課税枠を受けられませんが，死亡保険金受取

人が相続放棄した者でなければ相続放棄した人の分も法定相続人の数に入れてよいのです。

ここでの生命保険金の非課税の説明は、前節の最後の非課税財産のところで記述した⑤に該当します。

また、これの相続税申告書へのしかたは、第9表の「生命保険金などの明細書」に記入します。

2 退職手当金等の評価のしかた

被相続人に支給されるべきであった退職手当金、功労金その他これらに準ずる給与（現物支給された場合を含む）を、ご遺族が受け取った場合においては所得税ではなく相続税の課税対象となります。

この場合、その支給が死亡後3年以内に支払われることが確定したものも課税対象となります。

※通常、死亡退職手当金等は公務員の場合には法律（国家公務員退職手当法第2条の2）でご遺族の範囲と順位が決められており、また民間企業では就業規則ですとか退職給与規程で定められた人に支払われることとなっています。

ですから、この死亡退職手当金等は受取人固有財産であり、前項で記述しました生命保険金同様、遺産分割協議書作成上での協議の対象とはなりません。

仮に、相続放棄しても受け取ることのできる性質のものです。

つまり、死亡退職手当金等は被相続人が受け取った後に、ご遺族がそれを相続するといったものではなくて、その受け取った相続人

の固有財産ですから,「本来の相続財産」とはいえませんけど,その実質は相続財産と酷似しています。
　このようなことから,相続税法上これを「みなし相続財産」として相続税の課税対象としているのです。

これの評価方法は以下のとおりです。

　退職手当金等－（500万円×法定相続人の数）＝課税対象となる相続財産

つまり,受け取った退職手当金等のうち一人当たり500万円の額が非課税とされるということです。

※上記計算式で相続放棄があった場合ですけど,死亡退職手当金等の受取人が放棄した場合には非課税枠を受けられませんが,死亡退職手当金等受取人が相続放棄した者でなければ相続放棄した人の分も法定相続人の数に入れてよいのです。

さて,退職手当金等の支給時に,国や企業等団体から「弔慰金」とか「葬祭料」といった形で現金が支払われるケースがよくあります。
この場合でも相続税法ではつぎのような定めがあります。

① 　被相続人の死亡が業務上のものである場合・・・死亡当時の普通給与の3年分
② 　被相続人の死亡が業務上のものでない場合・・・死亡当時の普通給与の半年分

※この場合の普通給与とは，俸給，給料，賃金，扶養手当，勤務地手当，特殊勤務地手当等の合計額をいいます。

弔慰金等のうち上記の金額を超える金額は，退職金扱いとなり相続税法上「みなし相続財産」として課税対象となります。

ちなみに，この弔慰金等につきましては，相続税基本通達3－23におきまして，国会議員の遺族が受ける弔慰金，および特別弔慰金は退職手当金等には該当しないものとされています。つまり，国会議員への弔慰金等は「みなし相続財産」にはあたらず課税しないということです。

③ 生命保険金に関する権利の評価のしかた

先述しました「生命保険金」とここでの「生命保険金に関する権利」とは両方とも相続税の課税対象となりますが，その内容はあきらかに異なります。

両者の違いは以下の通りです。
① 「生命保険金」の場合には，被相続人は契約者（保険料負担者）であり，かつ，被保険者（保険をつけられる人）であって，保険金の受取人が配偶者や子供といったような場合です。この場合には「みなし相続財産」として一人当たり500万円の控除枠がありました。
② これに対し「生命保険金に関する権利」とは被相続人が保険料負担者であったが被保険者ではないといった場合です。この場合には被相続人が亡くなっても被保険者ではありませんので保険金は下りません。その代り，この保険契約自体は継続し誰かが被相続人が支払っていた権利を引き継ぐことになります。この権利を引き継ぐ者が，「生命保険金に関する権利」を相続したことになります。

では，この場合の評価ですが以下の通りです。

（解約返戻金－源泉徴収されるべき所得税）＋（剰余金の分配額等）
＝相続税評価額

この解約返戻金相当額は契約先の生命保険会社等に連絡すれば書類を発行してもらえます。

この「生命保険金に関する権利」は，「みなし相続財産」のカテゴリーとされていますが，一人当たり500万円の非課税枠がない，という点からしますと「本来の相続財産」と同じ扱いです。

なお，生命保険契約でも，掛け捨てで解約返戻金のないものについては評価しなくてもよいこととされています。

④ 定期金に関する権利の評価のしかた

「定期金に関する権利」とは，年金のように定期金給付契約により，ある一定期間，定期的に金銭その他の給付を受ける権利（受給権）をいいます。

ところで，この「定期金に関する権利」につきましては平成22年度の税制改正で，評価方法が大幅に変わりました。

それまでは，一括受取りよりも，定期金（年金）で受け取った方が評価額が低く，節税効果大の商品とされていたのが，その評価方法では実態に合わないということで廃止され，現在ではどちらの評価方法でもその評価額に大差がなくなりました。

それでは，現行法での「定期金に関する権利」の評価方法ですが，まず，一次的に，①「定期金給付事由が**発生しているもの**」（相続税法第24条）と②「定期金給付事由が**発生していないもの**」（相続税法第25条）とに区別されます。

しかる後，①については「有期定期金」と「無期定期金」と「終身定期金」とに分けられ，②については「解約返戻金を支払う旨の定めのあるもの」と「解約返戻金を支払う旨の定めのないもの」とに分けられ，それぞれの仕方で評価します。

1　有期定期金の評価について

有期定期金とは，定期金給付事由が発生しているもので，15年間とか20年間とか一定期間給付を受ける期間が決まっているものです。

下記の3つの金額のうち，いずれか多い金額が評価額となります。
(1) 解約返戻金の金額
(2) 定期金に代えて一時金で受け取ることができる場合の，その一時金の金額
(3) （給付を受けるべき金額の1年当たりの平均額）×（残存期間に応ずる予定金利による複利年金現価率）

※「複利年金現価率」とは，毎期末に一定金額を一定期間受け取れる年金の現在価値を求めるのに用いる率のことです。この「複利年金現価率」を表にした「複利年金現価率表」は，インターネットで,「複利年金現価率表」と検索すればすぐ出てきます。

2 無期定期金の評価について

　無期定期金とは，定期金給付事由が発生しているもので，永久に給付を受けることのできるもので，このケースはあまり見られません。

　下記の3つの金額のうち，いずれか多い金額が評価額となります。
(1)　解約返戻金の金額
(2)　定期金に代えて一時金で受け取ることができる場合の，その一時金の金額
(3)　給付を受けるべき金額の1年当たりの平均額÷予定利率

3 終身定期金の評価について

　終身定期金とは，定期金給付事由が発生しているもので，亡くなるまで給付を受けることができるものです。

　下記の3つの金額のうち，いずれか多い金額が評価額となります。
(1)　解約返戻金の金額
(2)　定期金に代えて一時金で受け取ることができる場合の，その一時金の金額
(3)　（給付を受けるべき金額の1年当たりの平均額）×（終身定期金に係る「定期金給付契約」の目的とされた者の平均余命に応じた予定利率による複利年金現価率）

※「定期金に関する権利」の評価での「平均余命」とは，人はあと何年生きられるかを法定されたものです。余命年数は厚生労働省が男女別，年齢別に作成する「完全生命表」に掲載されています。
　この「完全生命表」は，厚生労働省のホームページで公表されて

います。

4 解約返戻金を支払う旨の定めのあるもの

定期金給付事由が発生していないもので,「解約返戻金を支払う旨の定めのあるもの」についての評価は,解約返戻金の金額です。

5 解約返戻金を支払う旨の定めのないもの

定期金給付事由が発生していないもので,「解約返戻金を支払う旨の定めのないもの」についての評価は,掛金(保険料)が一時払いのケースと,そうでないケースとによって評価方法が異なります。

(1) 掛金(保険料)が一時払いのケース

[この掛金(保険料)の,払込開始の時からこの契約に関する権利を取得した時までの期間(経過期間)につき,この掛金の払込金額に対し,この契約に係る予定利率の複利による計算をして得た元利合計額]×0.9

(2) 掛金(保険料)が一時払い以外のケース

[(経過期間に払い込まれた掛金の金額の1年当たりの平均額)×(この契約に係る予定利率による複利年金終価率)]×0.9

※「複利年金終価率」とは,毎期末に預託された一定金額を一定期間運用した場合に受け取ることができる金額,の総額を求めるときに使用します。
　以下のような算式になっています。

複利年金終価率＝$(1+r)^n-1/r$

上記の算式で，「r」と「n」は
r＝予定利率
n＝定期金給付契約に係る掛金（保険料）の払込開始の時からこの契約に関する権利を取得した時までの年数（1年未満の端数は切り上げます）

となっています。

　以上，1「生命保険金」，2「退職手当金等」，3「生命保険金に関する権利」，4「定期金に関する権利」とみなし相続財産について納税者に比較的関連のある項目について記述してきました。
　これらは，第1節の「本来の相続財産」にプラスされる相続財産です。

　この他にも「みなし相続財産」扱いされるものに，遺贈による「低額譲渡により受けた利益」（相続税法第7条）および，「債務の免除，引き受け，弁済により受けた利益」（相続税法第8条・同第9条）の他「信託の利益を受ける権利」（相続税法第9条の2，同第9条の4）等々あり，また「相続開始前3年以内の贈与財産」がありますが，この相続開始前3年以内の贈与財産につきましては後述します。

第3節　相続時精算課税適用財産について

　さて，相続税の計算をするのに際し，第1節では**本来の相続財産**の評価のしかたについて，そして第2節では本来の相続財産とは少し趣を異にする**みなし相続財産**の評価のしかたについて記述してきました。

そして，ここではやはりみなし相続財産の一つですが，前節でのみなし相続財産とは違った意味を持つ**相続時精算課税適用財産**について説明していきたいと思います。

　ところで，この相続時精算課税適用財産はあまり関係のない方が多いのではないか，と思われます。
　なぜなら，この制度が創設されてまだ10年程度と日も浅く，しかもあまりなじみのないものと思うからです。
　ですから，関係のない方には横道に逸れる話ですから，素通りしていっていただいても大丈夫です。
　でも，苛斂誅求ともいえる今回の資産課税の改正に対抗する一つの節税方法として，今後この制度が利用されるのではないかと思われます。
　以下，この制度について記述していきます。

　この制度は平成15年度税制改正で誕生したのですが，その趣旨は，相続税と贈与税との一体化を図るということです。
　考え方としましては，相続財産と贈与財産とを合算して税額の計算を行い，それまでの贈与財産を精算する，というものです。

　「相続時精算課税制度」とは贈与者が生前に財産を相続人に前渡しし，相続が発生した時（贈与者＝被相続人が死亡した時）に，それまで贈与した分を相続財産にプラスして相続税を計算し，贈与（税）分を精算する制度だといえます。
　そして，相続人が生前に被相続人から相続時精算課税に係る贈与によって取得した財産を，相続時精算課税適用財産といいます。

第2章　相続税の計算過程について

　また，言葉を代えていえば，贈与した贈与税分を相続時まで繰り延べ，相続が発生した時点で，これを精算する制度である，ともいえます。

　皆様のなかで，この「相続時精算課税制度」を適用されている方がいらっしゃれば，「本来の相続財産」＋「みなし相続財産」にさらにこの「相続時精算課税適用財産」を加算してください。
　なお，この場合の加算される価額は，被相続人が死亡した時（相続開始の時）の評価額ではありません。
　以前に贈与された時の価額です。
　ですから，この件に関しましては新たに評価する必要はなく，贈与時の申告書の数字をそっくり持ってくればいいことになります。

※ここで読者の方に一つ念頭においていただきたいのは，わが国の相続税や贈与税を算出するのに相続税法と贈与税法との両法があると思いがちですが，わが国の税法では贈与税法というのはありません。
　　贈与税というのは相続税法の中に組み込まれ，その相続税法の一部分を構成しているにすぎないということです。
　　もともと，相続税と贈与税しかなかった相続税法に，少し異なった贈与としての相続時精算課税が加わったということです。

　それでは，これからこの相続時精算課税制度を利用される方のために，どういう制度なのかについて少し触れこの節を終了します。

　さて，現在わが国の税法では，贈与する場合，2種類の贈与方法があり，二者択一性となっていますが，どちらを選ぶかは受贈者の意思次第です。

87

まず，1つ目は従来からある贈与税で**暦年課税方式**といいます。これは，1年間110万円の基礎控除枠が設けられた贈与方法でこの方法に限られていました。その額を超えて贈与しますと，金額に応じた税率で贈与税額が算出されます。この場合，誰が誰に贈与しようが特に制限はありません。

2つ目は平成15年度の税制改正で誕生した**相続時精算課税方式**です。
この方式はある一定の条件のもと，2,500万円までの非課税枠が設けられた贈与方法です。
この贈与方法が選択できるある一定の条件とは，平成26年12月31日までの場合，贈与する方（贈与者）の年齢が65歳以上の父母で，贈与される方（受贈者）は20歳以上の推定相続人でなければならない，ということです。
なお，平成27年1月1日以降の場合は，贈与者が60歳以上の父母または祖父母とされ，受贈者には20歳以上の孫が追加されました。

またこの場合の税率は，2,500万円を超えた分に対し，一律で20％の贈与税が課税されます。

それでは，つぎにこの制度の適用を受ける場合の注意点を列挙しておきます。

① この制度の適用を受けるためには，その旨を書いた「相続時精算課税選択届出書」を所轄税務署長に届け出しなければなりませんし，また一旦この制度を選択しますと贈与者が亡くなるまで継続して適用され，暦年課税方式に変更することはできません。

つまり，この制度をひとたび選択しますと，適用を受けた贈与者からのそれ以後の贈与はすべてこの制度の適用を受けることとなり，暦年課税方式での110万円控除の適用は受けられず，110万円以下の贈与であっても贈与税の申告はしなければならない，ということです。

② 　この制度は，受贈者である子又は孫は贈与者である父母または祖父母ごとに選択できます。例えば，父親からの分は相続時精算課税方式を適用して，母親からの分は暦年課税方式を適用する，といった具合に選択できるのです。また，この制度は贈与者１人当たりの限度額ですので，仮に，父と母ともに相続時精算課税方式を選択しますと5,000万円までの非課税枠を利用できます。

③ 　受贈者が貰った2,500万円についての使途は問われませんし，また2,500万円に達するまでは何度（複数回）贈与して貰ってもＯＫなのです。それにこの贈与財産については，金銭のみならず，自社株式，アパートや土地などでもＯＫなのです。

④ 　相続時精算課税方式を選択し，贈与税額が発生した場合には，相続税の計算時にその納付した贈与税額は控除して貰えます。

⑤ 　この制度を選択する方は「暦年課税方式」における110万円の基礎控除枠を利用することはできません。あくまでも2,500万円が非課税枠となるのです。ですから仮に相続時精算課税方式を選択する父親から3,000万円，友達から300万円の贈与を受けた場合は，つぎのようになります。

父親から贈与された分・・・（3,000万円－2,500万円）×20％＝100万円
　友達から贈与された分・・・（300万円－110万円）×10％＝19万円
となります。

⑥　この制度を選択した後，贈与を受けることとなった場合には金額の多寡に関係なく贈与税の申告が必要です。

⑦　相続が発生した時には，贈与された時期あるいは金額の多寡に関係なく，相続税の課税価格に贈与された時の価格を加算して計算します。

⑧　この制度の適用を受けた土地につきましては，第2章第1節①で記述しました小規模宅地等の特例を受けることはできません。
　　なぜかといいますと，小規模宅地等の減額特例は被相続人が居住の用に供していた宅地であるとか事業の用に供していた宅地等を相続又は遺贈により取得した場合において初めて認められる制度だからです。
　　つまり，相続時精算課税における贈与財産は，贈与者（被相続人）が死亡した時に相続財産に加算されますが，これはただ単に，その贈与財産価額を加算するというだけのことなのです。
　　皆さんは『そんなことをいっても相続税の計算対象となるのだから，小規模宅地等の適用があっても当然ではないか』とおっしゃるでしょうが，実際はそうではないのです。
　　なにしろ，この小規模宅地等の特例はこれを受けられるかどうかが課税対象者となるかどうかのキーポイントとなる方も多々あると

思います。
　このような意味からも相続時精算課税の選択時に考えなければならないことは，これら小規模宅地等の特例を受けることのできる物件は絶対に選ばない，ということです。

これで，この節は終わります。

この章の第1節，第2節，そしてこの節までは相続税計算上のプラス項目ですが，次節の，債務・葬式費用はマイナス項目です。

第4節　債務・葬式費用について

　さて，これから記述していく債務・葬式費用は前節までとは異なり，相続財産から減額（マイナス）できる性質のものです。
　世に「借金も財産のうち」という俗諺がありますが，相続税上の計算におきましても借金は被相続人から相続人に引き継がれます。
　なお，この債務などを控除できる人は，その債務などを負担することとなる相続人や包括受遺者（遺言により遺産の全体に対する割合で財産を与えられた人のこと）に限定されます。

　この節は，前節と違って，ほぼすべての方が該当する事柄です。

1　債務の評価のしかた

　ここでいう債務とは，被相続人が死亡の際，金融機関他から借金していた借入金や未払金等債務の確定しているものの他，被相続人が納めなければならなかった延納中の所得税・相続税・贈与税や，消費税，印紙

税，固定資産税等々総称したものです。

　これらの評価につきましては，それぞれの示された金額によって評価します。

　以下，これらに該当するものを列挙していきます。

① 　金融機関等からの借入金
② 　相続が開始された後に支払われる，入院費などの医療費，あるいは電気・水道・ガス等の公共料金
③ 　相続が開始された後に支払われる，老人ホーム等からの請求書
④ 　第2章第1節6で記述しました事業用財産での反対項目である買掛金，未払金，預り保証金，預り敷金等
⑤ 　相続が開始された後に支払われる，延納中の所得税・相続税・贈与税や消費税，印紙税，固定資産税，事業税，住民税等
⑥ 　従業員から預かった源泉所得税

※逆に債務であっても墓地ですとか霊びょう等の非課税財産をローンで買って，まだ支払の済んでいないものについては債務控除できません。

※また，被相続人が友人他の借金の保証人になっていた場合の債務保証は債務控除できません。
　ただし，主たる債務者（借金をしている張本人）が弁済不能の状態になっており，保証人（被相続人）がその債務を返済しなければならない場合で，かつ，主たる債務者に求償しても返してもらえる見込みのない場合には，主たる債務者が弁済不能の部分については

第 2 章　相続税の計算過程について

債務控除が認められています。

連帯債務についても同様の規定があります。

2　葬式費用の評価のしかた

被相続人が亡くなられますと通常お葬式を出し，弔問客が招かれ読経が流れるなか故人の霊を弔います。当然，幾ばくかの葬式費用がかかります。

この葬式費用は，債務ではありませんが相続税の計算上，積極財産から差し引くことができます。

さて，この場合，被相続人の葬式費用として相続人が支払った額のうち，相続税の計算上，何が費用と認められ，何が費用と認められないか，ということです。

それでは，以下，葬式費用として認められるものと，そうでないものとを区別して記述していきます。

1　葬式費用として認められるものとは
(1)　**死体の捜索や遺体の搬送にかかった費用**

例えば東京人が北海道に旅行中死亡した場合において，ご遺体を搬送するための費用。

(2)　**遺体や遺骨の回送にかかった費用**

例えば東京人のお墓が京都にあるため，遺骨を京都のお墓まで運ぶための費用。

(3)　**葬式を行うときやそれ以前に火葬，埋葬，または納骨を行うのにかかった費用**

仮葬式と本葬式との双方を行ったときは，その双方にかかった費用が認められます。

※ところで，葬儀費用の補助として埋葬料や葬祭料が相続人に支給される場合がありますが，これは相続財産ではありません。したがって，葬式費用から控除する必要はありません。

(4) **葬式などの前後で生じた費用で，葬式に必要不可欠な費用**
お通夜などがこれに当たります。

(5) **お寺の僧侶などに対して支払う読経料等の費用**
葬式費用として認められるものは，おおむね以上のようなものですが，さらに具体例を示しますと以下の通りです。

☆　葬儀社への支払い

☆　葬儀式場の賃借料及び葬儀に関して支払った心付け，お車代等

☆　お布施並びに戒名料（被相続人の職業または財産上，不相応に高額な費用は認められないケースもあります）

☆　弔問客などへの飲食代や会葬返礼品

☆　生花（供花）代は，喪主（施主）が負担したもののみ，が葬式費用となります。

これらの場合，お布施や戒名料や心付け他領収書の貰えないものがある場合，葬式費用として支払った日付，支払先，金額およびその内容等をしっかりと書き留めておきましょう。

2　葬式費用として認められないものとは
(1) 墓地や墓石，仏壇，神具等の購入代金，並びにそれらを借り入れるため

にかかった費用
(2) **香典返しの費用**

香典は所得税も相続税もかかりませんので，それのお返しとしての香典返しは当然のこととして葬式費用とはなりません。

(3) **初七日や四十九日といった法要を行うためにかかった費用**
(4) **遺体を医学上（遺体解剖費用等），あるいは裁判上の特別処置に要した費用**

以上が，この節での債務・葬式費用控除なのですが，この場合ひとつ注意すべきことがあります。

と言いますのは，この債務・葬式費用控除は，ある相続人が被相続人から引き継いだ遺産額より多い場合には，他の相続人にそのマイナス分を回すことができず，単にゼロとして処理されてしまうのです。

これではせっかくの控除額を有効に利用したことにはならず，結果的に相続税額が多くなってしまう，ということです。

仮に，1,000万円の遺産をもらったある相続人が3,000万円の債務等を引き継いだ場合には，その差額分であるマイナス2,000万円分は他の相続人のプラスの課税対象額には回せず差引ゼロ扱いされるということです。

つまり税法ではその2,000万円については考慮してくれない，ということです。

結果的に，全体の相続税は課税対象額分2,000万円×税率分多くなってしまいます。

そこで，この債務・葬式費用をどの相続人にどれだけ負担させるのが有効的かを念頭に，各人の課税対象額がマイナスにならないようにすることが，相続税を余分に払わなくてすむコツです。

　全体的には課税されないというケースは別として，相続税額が出る場合においては，くれぐれも各人の課税対象額がマイナスになるような負担割合にしないでください。

　なお，相続税の申告期限までに債務などを引き継ぐ相続人あるいはその額についての合意ができていない場合での債務控除は，とりあえず法定相続分の割合で計算されます。この場合には上記のマイナスの問題は生じません。

　以上，第4節まできたのですが，第1節から第3節まではプラス項目を記述し，この節で初めてマイナス項目を記述しました。

　ここでの注意点は上記しましたように，各々の相続人の課税対象額をマイナスにしないということです。

　この時点で赤字になっても，マイナス分は面倒みてくれず，0（ゼロ）として処理されてしまうからです。

第5節　相続開始前3年以内の贈与財産について

　さて，相続開始前3年以内の贈与財産についてということですが，ここでこの説明に入る前に**相続税の計算のしくみ**についての概略を先に記

述しておきます。

　何故なら，読者の方にとってそれが相続税のしくみを理解するうえでもっとも大切なことで，しかも早道であると思うからです。

　相続税の計算をする場合，3段階の手順を踏みます。

　まず，第1段階としまして，この後すぐに説明しますが，課税価格の合計額を算出します。

　つぎに，第2段階としまして，その課税価格の合計額から基礎控除額を差し引き課税遺産総額を算出します。そしてこの遺産総額を法定相続分で相続したものと仮定し各相続人の相続分に税率を掛け各人の相続税を算出します。ここで各相続人の相続税を合算します。

　そして，第3段階としまして，第2段階で算出した各相続人の相続税の合算分（相続税の総額）を実際に分割した割合を乗じて，各相続人の実際の相続税額を算出します。

　最後に，各人のうちに税額控除できる人がいれば，その税額控除した後の税額が実際の各人の納付税額となります。税額控除額の方が多い場合には還付されます。

　以上の3段階の過程を踏むことによって，最終的な各人の相続税を算出するのですが，第2段階，第3段階につきましては後程詳述します。

　さて，ここでの相続開始前3年以内の贈与財産は，第1段階での締めくくりの箇所です。

相続税額の計算におきましては，先述しましたように，まず課税価格の合計額を算出します。

課税価格とは相続や遺贈で財産を引き継いだ相続人のそれぞれの課税対象のことを言います。

少し長いですが以下のことです。

　　各人の課税価格＝［第1節において記述した，相続や遺贈によって取得した財産の価額（非課税財産は除外）］＋［第2節において記述した，みなし財産の価額］＋［第3節において記述した，相続時精算課税適用財産の価額］－［第4節において記述した，債務・葬式費用の金額］＋［この節において記述する，相続開始前3年以内の贈与財産の価額］

です。

まず，これを算出します。

ここで注意しなければいけないことは，前節で記述しましたように，どの相続人も債務・葬式費用控除後の価額をマイナスにはしないということです。

それでは以下，「相続開始前3年以内の贈与財産」について記述していきます。

これは，語句のとおり，被相続人が死亡した日からさかのぼって3年以内に贈与された財産がある場合には，その財産は相続財産と「みなし」，

相続財産に加算してくださいよ，ということです。

　しかし，この場合，例外があります。
　贈与税の配偶者控除の特例を受けた価額のうち，2,000万円に達するまでの価額ですとか，あるいは1,500万円の教育資金の贈与のうち非課税対象額等は加算する必要はありません。

　※ここで，相続開始前3年以内とは，例えば平成27年6月10日が相続開始日（被相続人が亡くなられた日）としますと，その3年前の平成24年6月10日から応当日ということです。つまり，その日以後の贈与財産が加算される，ということになります。

　なぜ，このような制度があるのかといいますと，被相続人が死亡する直前に相続人に財産を贈与して過度な節税をしようとする人たちや，租税回避行為を図ろうとする者の行為を防止するための規定なのです。
　つまり，生前贈与をうまく工夫すると相続税を極端に安くできます。そこで，せめて相続開始3年前ぐらいの贈与分は相続財産に乗せてくださいよ，という趣旨なのです。

　ただし，この制度は，相続や遺贈により財産を取得した者に限定されていますので，通常，相続人になっていない孫や嫁などが3年以内に贈与されたものまで加算する必要はありません。
　が，この孫や嫁が相続や遺贈により財産を取得する場合には加算しなければなりません。

第6節　遺産にかかる基礎控除額について

この「遺産にかかる基礎控除額」とは、前節の概略の第2段階で記述したところの「課税価格の合計額から基礎控除額を差し引き課税遺産総額を算出する」ということでの基礎控除額です。

平成26年12月31日までに亡くなられた場合の遺産にかかる基礎控除額は

　　5,000万円＋（1,000万円×法定相続人の数）

の算式で計算します。

また、**平成27年1月1日以後**に亡くなられた場合の遺産にかかる基礎控除額は

　　3,000万円＋（600万円×法定相続人の数）

の算式で計算します。

これが今回、相続人を悩ませる最大の改正項目なのです。

何しろ、被相続人に配偶者と子供が2人いる標準家庭では3,200万円も控除額が少なくなるのです。

それでは、基礎控除額の要素（決め手）となる法定相続人とはいったいどういう人をいうのか、以下記述していきます。

被相続人が亡くなった時，財産争いを避けるために民法では相続人の順位を定めています。このように法律で定められた相続人のことを法定相続人といいます。

※ここで前もって注意しておきたいことは，民法上の法定相続人と相続税法上のそれとは若干異なる，ということです。

では，法定相続人になれる順位はどのように定められているのでしょうか？

法定相続人になれる人は，基本的には
① 被相続人の配偶者・・・順位とは関係なく，いつでも法定相続人になれます。
② 被相続人の子（第1順位）・・・子が被相続人より前に死亡している場合には孫，孫も死亡しているときにはひ孫というように相続人になれます。
③ 被相続人の父母（第2順位）・・・父母がすでに死亡している場合には祖父母が相続人になれます。
④ 被相続人の兄弟姉妹（第3順位）・・・兄弟姉妹が死亡していれば，その子（被相続人からすれば甥や姪）は相続人になれますが，その甥や姪が死亡していればその子は相続人にはなれません。甥や姪までで打ち切りということです。
　なお，兄弟姉妹が相続人になれるのは被相続人に子や父母がいない場合だけです。

以上の4項目に該当する人たちです。

このように，法定相続人になるためには順位が決められており，上位の順位者がいるときは下位の順位者は相続人にはなれず，遺産はまったくもらえないということです。

例えば，配偶者と子がいる場合には，父母や兄弟姉妹は相続人にはなれません。

また，配偶者は常に相続人となれます。仮に，第1順位者から第3順位者の者がすべて亡くなっている場合には，財産は配偶者が独り占めできます。

よくドラマなどで，下位の順位者が上位の順位者を殺害して財産をわがものにしようとする脚本がありますが，まさにそこをついたストーリーなのです。

では，つぎに様々なケースあるいは注意点を列挙しておきます。

① 法定相続人のなかに**相続放棄**をした人がいる場合につきましては，その放棄がないものとした場合の相続人の数が**基礎控除算定での法定相続人の数**となります。

［例1］例えば被相続人には子1人と兄弟が4人いたとします。この場合の法定相続人の数は子のみ1人です。（3,000万円＋600万円×1＝3,600万円）仮に，ここで子が相続放棄したとします。そうしますと法定相続人が一気に4人になってしまいます。（3,000万円＋600万円×4＝5,400万円）

このように，形だけ相続放棄して相続税を減額することを防止するために，基礎控除の計算における法定相続人の数は，放棄した人がいても，その放棄がなかったもの，として計算します。

つまり，この場合では子が相続放棄しようがしまいが，法定相続人は子のみ1人で基礎控除額は3,600万円となります。

［例2］例えば被相続人には配偶者と父母と長男・次男・三男がいたとします。この場合，長男・次男・三男が相続放棄をしたときにおいては，民法上の相続人は配偶者と父母の3人ですが，税法上では放棄はなかったものとされますから配偶者，長男・次男・三男の4人となります。

② **内縁関係**の妻や夫は相続人にはなれません。

③ 被相続人が再婚した後の**配偶者の連れ子**は養子縁組をしていない限り相続人にはなれません。

④ 被相続人と**先妻との間にできた子**は相続人となります。

⑤ 被相続人に，愛人に産ませた子があった場合（**非嫡出子**），その子は認知されていなければ相続人にはなれません。

⑥ **養子縁組**をしている者は実子と同じですので相続人になれます。
※ところでこの養子についてですが，民法上のそれと税法上のそれとでは少し異なり，民法上の養子は何人でもOKなのですが，税法上養子が法定相続人となれるのには数の制限があります。

実子がいる場合には1人までとされ，**実子がいない場合**には2人までとされています。

　20数年前までは制限がなかったのですが，これを無制限に許しますと節税の濫用が目立つとのことで制限が加えられたのです。

※上記のように養子が法定相続人になる場合には制限があるのですが，つぎの**3つのケース**では実子とみなされ人数の制限はありません。

☆特別養子縁組（家庭裁判所に請求して認めてもらわねばなりません）により養子となった人

☆被相続人の配偶者の実子で被相続人の養子となった人（いわゆる連れ子養子）

☆被相続人より実子（養子を含む）が先に亡くなったため，実子等の相続権を引き継いだ孫（ひ孫）で養子になった人（代襲相続人）

⑦　**相続欠格**（被相続人や他の相続人を殺害したり，遺言を取り消させるために脅迫したような場合）や**相続廃除**（被相続人に対する虐待等があった場合）は相続人にはなれません。

⑧　相続人が死亡した場合，その子が相続権を引き継ぎます。これを**代襲相続**といいます。

これには**3つのケース**があります。

☆死亡の場合（以前死亡・同時死亡）

☆相続欠格

☆相続廃除

　例えば，被相続人の子が被相続人より前に亡くなっていた場合，その子の子（被相続人からすれば孫）に，またその孫も相続権を失っていた

場合にはその子の孫（被相続人からすればひ孫）に相続権が発生します。これを「再代襲」といいます。

相続人が相続放棄した場合には，その子（被相続人からすれば孫）は代襲相続人にはなれません。しかし，相続税の計算では相続人が相続放棄をしなかったものとして扱われますから1人として計算します。

⑨ **胎児**であっても相続権は認められています。しかし死産の場合はダメです。

この場合，相続税の計算ではいないものとして計算し，実際に誕生した場合には，4か月以内に更正の請求をして税額を安くする手続きをとります。

以上のことを考慮して基礎控除の法定相続人の数を決めてください。

さて，相続税の計算ですが
第1節（本来の相続財産）第2節（みなし相続財産）第3節（相続時精算課税適用財産）をプラスし，第4節（債務・葬式費用）ではマイナスし，そして第5節（相続開始前3年以内の贈与財産）ではまたプラスして，そしてこの第6節（遺産にかかる基礎控除額）をマイナスします。

そうして算出された価額を**課税遺産総額**といいます。

この課税遺産総額がゼロあるいはマイナスの場合には相続税はかかりませんので，申告義務はありません。ただし，**小規模宅地等の評価減他の特例**を受けた後に課税遺産総額がゼロあるいはマイナスになったとし

ても，この場合には申告をして初めて認められる規定ですので**要注意**です。つまり，申告しなければならない場合もある，ということです。

　※相続税申告書の計算は，基本的には各人別にするのですが，全体として上記の課税遺産総額がゼロあるいはマイナスの場合には相続税はかかりません。

　つまり，この後は読む必要はありません。ただし，相続税が還付されるような場合は，第8節もお読みください。また，土地，建物等を登記する場合に**遺産分割協議書**が必要な場合がありますので，そのような方はそこの箇所をお読みください。

第7節　各相続人の法定相続分に分配することについて

　さて，前節の遺産にかかる基礎控除額において，課税遺産総額を算出するまでの過程を記述しました。
　そして，その時点でその課税遺産総額がゼロあるいはマイナスの場合には相続税額がかからない，と記述しました。
　では，その課税遺産総額がプラスになった場合，つぎにどのようにして相続税額を計算していくのかを，この節で記述していきます。

　わたしは第1章第1節におきまして，わが国の相続税の課税方式は法定相続分課税方式である，と記述しましたが，この節はまさにその方式によって計算していくということです。
　この方式は，まず各相続人が遺産をどのように分割したかに関係なく，「法定相続人の数」に数えられた相続人が課税遺産総額を**法定相続分に**

第2章　相続税の計算過程について

応じて取得したものと仮定し，相続人ごとの取得金額を計算します。

> ※上記の「法定相続分に応じて取得したものと仮定し」という法定相続分とはその代表的な例を挙げればつぎのようなものです。
>
> ［例１］妻と子４人（長男・長女・次男・次女）が相続する場合
> 　　妻・・・・・・１／２
> 　　（長男・長女・次男・次女）・・・・・それぞれ１／８ずつ
>
> ［例２］妻と両親が相続する場合
> 　　妻・・・・・・２／３
> 　　（父・母）・・・・・それぞれ１／６ずつ
>
> ［例３］妻と兄弟姉妹（兄・妹）が相続する場合
> 　　妻・・・・・・３／４
> 　　（兄・妹）・・・・・それぞれ１／８ずつ
>
> ［例４］被相続人に先妻との間に２人の子がいて，後妻との間に
> 　　　　１人の子がある場合
> 　　後妻・・・・・・１／２
> 　　先妻の子・・・・・それぞれ１／６
> 　　後妻の子・・・・・１／６

そして，この相続人ごとに取得した金額に，各相続人に応じた税率をかけて，相続人ごとの**仮税額**を算出します。

　　※各相続人に応じた税率は，相続税申告書の第２表（相続税の総額の

107

計算書）の下段（相続税の速算表）に出ています。

この相続人ごとの仮税額を合計したものが，**相続税の総額**となります。

つぎに，この相続税の総額に，各人が実際に遺産を取得した割合をかけ算出された金額が各相続人の相続税額となります。

各相続人の相続税額＝各人が実際に相続した財産／全相続財産

※なお，相続や遺贈あるいは相続時精算課税にかかる贈与によって相続財産を取得した人が，配偶者及び被相続人の１親等の血族以外の人である場合には，その人の相続税額は２割加算となります。

そして最後に，各相続人のうちに，各種控除項目の適用がある場合に限り，それらを控除します。
こうして出てきた金額がプラスであれば納税しなければなりませんし，またマイナスであれば還付ということになります。

これにつきましては，次節で詳述します。

第８節　各種税額控除について

前節で，各相続人の相続税額を算出するところまで記述しました。
この節では，上記各相続人の算出された相続税額が，さらにどれくらいの納付税額となるか，あるいは還付税額となるかが最終的に決定される，各種の税額控除について記述していきます。

第2章　相続税の計算過程について

　この節は，第2章（相続税の計算過程について・・・いわば本書の心臓部分）の締めくくりの節となります

　つまり，相続税の計算過程について縷々記述してきましたが，この時点でそれぞれの相続人の相続税額の概略あるいは正確な数字が把握できることと思います。

　さて，各種税額控除ということですが，実際にはこの控除項目のすべてに該当する家庭は本当に稀なケースだと思います。
　ところで，この各種税額控除は6つあり，そして最後に相続時精算課税制度を選択した時の贈与税額控除あるいは医療法人持分税額控除（この税額控除は平成26年10月1日に施行された新しい控除ですが，読者にはあまり関係がないと思われますので説明は割愛します）がありますが，一応，税額控除する順番が決められていますので，その順序にそって記述していきます。

1　贈与税額控除のしかた

　これは，被相続人から生前3年以内に贈与があり課税価格に加算された人で，贈与された時点で贈与税を支払っている人の場合に，二重課税を防ぐためこの贈与税額控除が設定されているのです。

　　贈与税額控除額＝贈与税額×（相続税の課税価格に加算した贈与財
　　産の価額÷贈与を受けた年分の贈与税の課税価格）

2　配偶者の税額軽減のしかた

　被相続人の配偶者が相続財産を取得した場合，**大幅な軽減措置**が設定されています。

なぜかといいますと，それまで人生の伴侶として遺産形成に貢献してきたという敬意のあらわれ，あるいは，いずれその配偶者にも死が訪れるからその時相続税をかければいいという意味あいからこのような制度が設けられているのです。

※この配偶者の税額軽減は，申告をし，初めて認められる制度ですので**注意が必要**です。

※この制度は，婚姻期間は関係ありませんので，極端な話，婚姻届が出されて１日目に配偶者が亡くなった場合においてもこの制度の適用を受けられます。ただし，法律上の配偶者でなければこの制度の適用は受けられません。

※この軽減措置の対象となるのは相続税の申告期限までに配偶者が相続することが確定している分のみに限られています。つまり，遺産分割が決まっていない場合についてはこの特例は使えない，ということです。しかし，申告期限までに遺産の分割がなされていなかった場合においても，申告期限から３年以内に遺産分割が確定した場合には，後からこの特例を受けられ納付した税金は還付されます。

そのためには遺産分割が成立した日の翌日から４か月以内に**更正の請求**の手続きをしなければなりません。また，調停等やむを得ない事情がある場合には，税務署長の承認を受け，申告期限後３年を経過する日の翌日から２か月以内に申請します。

以上のことより，遺産の分割でもめて３年以上を超えてしまいますと，基本的にはこの大幅な軽減措置が受けられなくなってしまう，ということです。

配偶者の税額軽減額＝相続税総額×（次のＡ又はＢのうち少ない金

額÷全相続人の課税価格の合計額）

A：配偶者の法定相続分にあたる額（ただし，その額が１億６千万円に満たないときは１億６千万円）
B：配偶者が実際に取得した相続額
☆ 課税価格（相続税申告書の第１表のAの金額）が１億６千万円以下の場合には，配偶者が全額相続しても相続税はゼロとなります。
☆ 課税価格が１億６千万円を超えている場合について，相続人が配偶者と子である場合は，配偶者は１億６千万円まで又は法定相続分まで取得する場合には配偶者自身の相続税はゼロですが，他の相続人には相続税がかかります。

③ 未成年者控除のしかた

相続人が20歳未満で，かつ，法定相続人である場合に，この未成年者控除が適用されます。

相続人が未成年者であるということは，これから将来に向けて養育費ですとか教育費がかかりますから，それらを考慮してこの人たちの相続税の負担額を軽くしているのです。

　　未成年者控除額＝10万円×（20歳－相続開始時の年齢）

例えば，相続開始時の相続人の年齢が11歳４カ月の場合の未成年者控除額は

　　未成年者控除額＝10万円×（20歳－11歳４カ月）
　　　　　　　　＝10万円×８年８カ月

（1年未満の端数があるときは切り上げて計算します。これはつぎに記述する障害者控除においても同様です）

$$= 10万円 × 9年$$
$$= 90万円$$

と，なります。（平成27年1月1日以後の控除額です）

※この未成年者控除は相続を放棄した場合でも適用がありますし，また未成年者控除額がその人の相続税額を超える場合には，その超える金額はその人の扶養義務者の相続税額から控除されます。これはつぎに記述する障害者控除においても同様です。

4 障害者控除のしかた

　相続人が心身の障害者である場合で，かつ，法定相続人である場合に，この障害者控除が適用されます。

　相続人が障害者のときは，福祉増進の観点から相続税の負担をいくらかでも軽減しようという思考からきています。

1 一般障害者の場合

　障害者控除額＝10万円×（85歳－相続開始時の年齢）

2 特別障害者の場合

　障害者控除額＝20万円×（85歳－相続開始時の年齢）

　（上記数字は平成27年1月1日以後の控除額です）

5　相次相続控除のしかた

　相続が10年以内に再度あった場合，つまり短期間に相続が2回も続きますと最初に相続税をかけられた財産に再び相続税がかけられてしまいます。

　これでは税負担が加重になってしまいますので，2回目は一定の金額を相続税から差し引きますよ，というのがこの制度です。

　通常，第1回目にあった相続のことを「第1次相続」といい，その次に起こった相続のことを「第2次相続」と呼びます。

　そして，ここで記述する相次相続控除が適用されるのは，「第2次相続」のときです。

　また，この制度の適用を受けられるのは，法定相続人のみです。

　では，この計算式ですが以下のようになっています。

　　相次相続控除額＝A×（C／B－A）×（D／C）×（10－E／10）

※（C／B－A）が100／100を超えるときは100／100とします。

A：第2次相続の被相続人（祖父からの場合は父親，父親からの場合は母親となる例が多い）が，第1次相続でもらった財産にかかった相続税額
B：第2次相続の被相続人が，第1次相続でもらった財産の価額
C：第2次相続の相続人や受遺者の全員がもらった財産の合計額
D：この相次相続控除の対象者となる相続人が第2次相続でもらった財産の価額

E：第1次相続から第2次相続までの経過年数（1年未満の端数は切り捨てます）

　この計算式に当てはめてもらえれば，すぐ理解できるかと思いますが，おおむね経過年数が1年経つごとに第1次相続の時の相続人（第2次相続の時の被相続人）の納付した相続税の約10％が，この相次相続控除の対象から外れていく，ということです。

　つまり，第1次相続と第2次相続との間隔が短ければ短いほどその控除額は多いし，その間隔が長くなれば長くなるほど控除額は少なくなる，ということです。

6　外国税額控除のしかた

　昔にくらべ昨今は海外投資をしているケースを多く見かけますが，日本国内に住所のある個人（居住無制限納税義務者）が相続財産を取得した場合，日本国内の財産だけでなく外国にある財産につきましても相続税がかかります。

　それはそれでいいのですが，その外国において同様に相続税が課税される場合もあります。

　この場合，納税者からしますと，同じ財産に外国でも課税されまた日本でも課税されと二重課税されてしまいます。

　※ただし，被相続人と納税義務者が，相続開始前5年を超えて外国に住んでいたときは，わが国の相続税の計算においては，外国にある財産には相続税はかかりません。

　そこでこのような場合にはわが国で相続税を計算する過程において，

外国で課税された相続税分については差し引いてもらっていいですよ，ということです。

これを「外国税額控除」と呼んでいます。

外国税額の控除できる金額は，上記①（贈与税額控除）から⑤（相次相続控除）まで控除してきた残額と，相続した外国財産のうち，海外で相続税を課税されたときの税額とのどちらか少ない金額となります。

つまり，この時点でマイナス（赤字）になることはなく，赤字の場合は「0（ゼロ）」ということになります。

⑦　相続時精算課税制度適用者の贈与税額控除のしかた

さて，①（贈与税額控除）から⑥（外国税額控除）まで記述してきましたが，その過程で相続税額がゼロになってしまいますと，その後の控除項目は適用されません。

しかし，この項で記述します相続時精算課税分の贈与税額控除のある人については，納付する相続税額がゼロの場合，還付されます。

ところで，この相続時精算課税制度を選択したときの贈与税額控除ですが，これは第2章第3節で記述しましたところの相続時精算課税制度の適用を受け，その折，贈与税が課せられていた場合に，すでに納めていた贈与税額をこの時点で控除できる，という制度です。

この相続時精算課税制度適用者の贈与税額控除のしかたですが，その人の相続税額（①から⑥までの控除によりマイナスの場合はゼロ）からその贈与税額に相当する金額を控除します。

なお，上記により相続税額から控除する場合において，なお控除しきれない金額があるときは，その控除しきれない金額に相当する税額は還付されます。

※この税額の還付を受けるためには，相続税の申告書を提出する必要があります。

以上で，第2章の「相続税の計算過程について」すべて終了しました。

次章では，これら相続税の計算をする場合の基となった各相続財産や債務を誰がどのように引き継ぐのか，という遺産分割の協議書について記述していきます。

第3章　遺産分割協議書の作成方法

　第2章では，相続税の計算過程で各相続人がどれほどの財産を相続し，また，どれほどの相続税がかかるか，について記述してきました。

　では，この第3章におきましては前章とすこし前後するかと思いますが，各相続人が被相続人からそれぞれどれくらい財産をもらい，また，債務を引き継いだかについて協議した書面，つまり**遺産分割協議書**について記述していきます。

　※話はすこし逸れますが，戦前はこのような遺産分割協議書を作成せず，長男がすべての財産を相続していました。旧民法では，戸主の地位とその財産を単独で承継するという，いわゆる**家督相続制度**でした。これは，長男が家督（遺産）を継ぐ権利を得る代わりに，他の弟や姉妹に何かあれば生涯その面倒を見，先祖，霊びょうを含め家を守るという義務を負うということが暗黙のうちにあったのです。それで，双方のつり合いが取れていたのです。

　　戦後のように，民法上は，法定相続において各人平等である，というのと比較して，どちらがいいのか一概には言えないような気がします。

　さて，ではこの「遺産分割協議書」ですが，書式あるいは方式につきましては遺言書と違って特に規定はありませんので，どのような順番で書いていってもらってもいいのです。しかし，相続税申告書の第11表の

順序に沿って書いていき，後のほうに債務を書くのがいろいろと便利かと思われますので，そのように記していきます。

　それでは，一応，一般的な遺産分割協議書を掲げその後，作成上のさまざまな注意点を記述していきます。

遺産分割協議書

　平成26年10月10日埼玉県所沢市榎町○○番○○号山本長五郎の死亡により，共同相続人山本香子，同山本一郎，同山本次郎は，被相続人の遺産について次のとおり分割することに同意する。

１．相続人　山本香子は，次の遺産を取得する。

記

(1)　埼玉県所沢市榎町○○○○番84
　　　宅地230.00平方メートル
(2)　埼玉県所沢市榎町○○○○番地84　家屋番号○○○○番84
　　　木造　　スレート葺２階建　居宅
　　　床面積　１階　　96.38平方メートル
　　　　　　　２階　　48.14平方メートル
(3)　上居宅内にある家財一式
(4)　○○建設株式会社の株式　　50,000株
(5)　××水産株式会社の株式　　30,000株
(6)　△△信託銀行○○支店の被相続人山本長五郎名義の貸付信託
　　　　25口　　　　25,000,000円
(7)　現金　　　　　　400,000円
(8)　○○銀行○○支店の被相続人山本長五郎名義の普通預金
　　　　１口　　　　　123,456円
(9)　××銀行××支店の被相続人山本長五郎名義の定期預金
　　　　５口　　　　26,000,000円

2．相続人　山本一郎は，次の遺産を取得する。

記

(1) 埼玉県所沢市榎町〇〇〇〇番36
　　宅地　　　155.25平方メートル
(2) 埼玉県所沢市榎町〇〇〇〇番地36　家屋番号〇〇〇〇番36
　　木造　　モルタル瓦葺2階建　居宅
　　床面積　1階　　58.45平方メートル
　　　　　　2階　　46.32平方メートル
(3) 〇〇石油株式会社の株式　　4,000株
(4) ××信用金庫××支店の被相続人山本長五郎名義の定期預金
　　　　1口　　　　4,000,000円
(5) ゆうちょ銀行の被相続人山本長五郎名義の通常貯金
　　　　1口　　　　1,246,645円

3．相続人　山本次郎は，次の遺産を取得する。

記

(1) △△薬品株式会社の株式　　2,000株
(2) 〇〇信用金庫〇〇支店の被相続人山本長五郎名義の定期預金
　　　　1口　　　　1,000,000円

4．相続人　山本一郎は，その相続した相続分の代償として，相続人山本次郎に対して金9,000,000円を本協議書の調印と同時に現金にて支払うものとする。

5．その他，後日発覚した財産は法定相続人の均等取得とする。

6．相続人　山本一郎は，被相続人山本長五郎の次の債務を承継する。

記
(1)　○○銀行○○支店からの借入金　　　10,000,000円
(2)　埼玉県所沢市並木○－○－○所沢市役所に対する平成26年度分
　　　　　未払固定資産税　　　　220,000円
(3)　埼玉県所沢市並木○－○－○所沢市役所に対する平成26年度分
　　　　　未払住民税　　　　　　300,000円

　上記の通り相続人全員による遺産分割の協議が成立したので，これを証するためこの協議書3通を作成して署名押印し，各自1通宛保有する。

平成26年10月10日

　　　　　埼玉県所沢市榎町○○番○○号
　　　　　　　相続人　山本　香子　　㊞
　　　　　埼玉県所沢市榎町○○番××号
　　　　　　　相続人　山本　一郎　　㊞
　　　　　埼玉県所沢市榎町○○番○○号
　　　　　　　相続人　山本　次郎　　㊞

　この時点では，一応，第2章で各相続人が引き継ぐとした取得内容で「遺産分割協議書」を作成しておきましょう。

　以上が，一般的な遺産分割協議書の記載例ですが，普通よく見かけるそれと2点ほど異なります。

まず，1点は，4．の箇所です。これは代償分割をする場合の例で，この例では山本一郎が土地と家屋をもらう代わりに，その代償として山本次郎に900万円を支払うという例です。
　これの相続税申告書の書き方ですが，第11表の最後の段に記載します。
　「種類」のところは代償財産，「細目」のところは代償金と記入し，「取得した人の氏名」のところの山本次郎には9,000,000円と書き，山本一郎のところは△9,000,000円と書きます。

　そしてあと1点は，5．の箇所です。その他，後日，新たに相続財産が出てきた場合のことを考え，具体的に記載しておくのが無難です。

では，以下注意点を列挙していきます。

① 　遺産分割は1人相続の場合にはいいとしまして，2人以上の相続人がいる場合には被相続人が亡くなった段階では，それぞれの持分で共有されていることになります。その相続財産を各人のものにするためには遺産の分割をしなければなりません。基本的な考えでは遺産の分割方法は故人の遺言書があればそれに従い，なければ法定相続分によって分割します。しかし，現実には相続人全員の同意があればどのように分割してもOKなのです。このときの話し合いで決めた文書のことを「遺産分割協議書」といいます。

② 　遺産分割協議書に書く不動産（土地・家屋等）に関しましては，相続登記の原因証書として使うため，登記簿謄本に記載されている通りに書かねばなりません。

③　何らかの理由ですぐに分割しなければならないような場合には，まずその分だけの「遺産分割協議書」を作成し，後日，残りすべての「遺産分割協議書」を作成してもいいのです。例えば，被相続人が法人の代表取締役で株式の大半を持っていた場合に急死したようなときは，すぐに株式を承継し代表取締役を選任しなければならないケースなどがあります。

　つまり「遺産分割協議書」は何も一度にしなければならない，ということはないのです。

④　遺産分割協議書は，たとえ相続税申告書の提出の必要がない場合であっても下記の場合に必要です。

☆不動産の登記の名義変更に必要です。

☆金融機関等の預金払い戻しに必要です。

☆有価証券や車輛等の名義変更に必要です。

☆また，配偶者の税額軽減の適用を受けるためには，申告期限までに遺産分割しておく必要があります。

⑤　相続する人たちの人数分作成して，各々が署名，押印（個人の実印）し，印鑑証明書と一緒に保管しておきましょう。

⑥　第2章第2節の「みなし相続財産」のところでも説明しましたが，生命保険金あるいは退職手当金等のみなし相続財産は，受取人固有財産のため，この遺産分割協議書作成上での協議の対象とはなりません。

　ただし，受取人の確定していないものについては，遺産分割協議書に記載します。

⑦　相続対策の第1は「何もしないことです」という人がいます。これは，相続は通常，親から子へ子から孫へというのが基本ですが，昨今のような何が起きても不思議ではない世の中，節税対策中に子が親より先に亡くなるケースだって少なくありません。その場合，なまじ早めに手を打ったばかりにその相続対策が逆にアダとなります。手間暇かけて金かけて元の木阿弥。こういったケースはよくあります。

　また，相続の第1を「円満な財産分割」とすれば，相続税は2の次となります。「ある程度の税金は覚悟の上」と開き直れば案外円満な財産承継ができるというものです。

　20数年前，金融機関，保険会社，税の専門家たちがこぞって，相続対策という美名のもとに「変額保険（変にガクっとくる保険）」を富裕家に推奨したことがありましたが，結果は悲惨。多くの精神異常者と自殺者を出しました。これなど「何もしないことが相続対策の第1」の格好の例です。

　相続の取得分に対しても相続税に対してもあまり過度な我利我利亡者にならないことです。あまり欲を出せばその人の人間性もみえてきますし，また，まとまるものもまとまらなくなります。

　わたしの同業者で60代になる静岡県出身のYという知り合いがいますが，彼など中流財産家で2人兄弟という家庭に生まれながら，相続では1坪の土地もまた1円の金も貰わずすべて兄に承継させたといいます。また，彼の奥さまも親が県庁の職員で3人姉妹だったらしいのですが，その財産はすべて未婚の妹に承継させ，次女のその奥さまは1坪も1円の金も貰わなかった，ということです。それでも現在30代の2人の子供たちにはそれなりの教育もつけていますし，何不自由な思いはさせていないということです。

わたしなりに考えますと，相続はその相続時の相続人の年齢，相続人の配偶者の相続に対する認識，その相続人の相続時の資産状況，被相続人の資産状況，被相続人の配偶者の相続に対する認識等々によって大きく異なります。

わたしの友人の場合には相続時の年齢は20代であったとのこと。『相続で何も貰わないことをバネに自分を叱咤激励し研鑽する糧にしてきた』と，相好を崩し，わたしに静かに話していたのが印象的でした。ですから，一概に遺産を誰よりも多く貰ったから幸せかどうかなど，その後の人生をみればまったくわかりません。要はその人のその後の人生の認識しだいといえます。

しかし，一方では人間の欲にも凄まじいものがあります。わたしの身内にも財産争いが原因の兄弟喧嘩で血みどろの殴り合いや裁判沙汰といった生臭い事例を耳にしたことはありますが，あまり耳ざわりのいいものではありません。

国家は「富の再分配」の大義のもとに相続税を課してきますが，相続人の立場からすれば何ごとにも「中」で臨むのが一番かと思います。ある程度払うべきものは払うと腹を決め，財産への異常な執着は払拭することです。相続税の納付が基でギャンブル等に身を崩し家庭が崩壊していった事例はよく耳にします。これでは本当に元も子もなくなってしまいます。

以上，7点の注意事項を掲げましたが，それでは，さきほどの「遺産分割協議書」に基づいた相続税申告書のたたき台を作成していきましょう。たたき台といっても計算は相続税申告書そのものです。

まず，最初に「遺産分割協議書」に基づいた**「相続財産の内訳表」**を

作成し，つぎに**「相続財産各人取得表」**を作成し，最後に**「相続税計算表」**を作成します。

これによって一応，各人の相続税額が決定するのですが，次章ではこれをさらに推考し，よりよい方法を選択するため，ここでの相続税計算書はいわば最初の分割協議案といったところです。

相続財産の内訳表（その1）

山本長五郎（平成26年10月10日死亡）（単位　円）

種　類	住所（登記簿謄本より）	面積	固定資産税評価額
土地（宅地）	所沢市榎町○○○○番84	230.00㎡	25,900,000
土地（宅地）	所沢市榎町○○○○番36	155.25㎡	24,500,000
家屋（木造スレート葺2階建居宅）	所沢市榎町○○○○番地84（家屋番号○○○○番84）	1階96.38㎡ 2階48.14㎡	5,260,000
家屋（木造モルタル瓦葺2階建居宅）	所沢市榎町○○○○番地36（家屋番号○○○○番36）	1階58.45㎡ 2階46.32㎡	4,390,000

資産関係

金融機関等	種　類	平成26年10月10日現在残高
△△証券	○○建設株式会社	20,000,000
〃	××水産株式会社	17,100,000
〃	○○石油株式会社	6,000,000
〃	△△薬品株式会社	8,000,000
△△信託銀行○○支店	貸付信託	25,000,000
所沢市榎町○○番○○号	現　金	400,000
○○銀行○○支店	普通預金	123,456
××銀行××支店	定期預金	26,000,000
××信用金庫××支店	〃	4,000,000
ゆうちょ銀行	通常貯金	1,246,645
○○信用金庫○○支店	定期預金	1,000,000
所沢市榎町○○番○○号	家庭用財産	300,000
○○生命保険	生命保険金	50,000,000
○○損害保険	〃	20,000,000
〃	〃	10,000,000
○○薬品株式会社	退職手当金	30,000,000
山本次郎	代償財産	9,000,000
山本一郎	〃	△9,000,000
計		**219,170,101**

負債関係		
○○銀行○○支店	証書借入	10,000,000
所沢市役所	未払固定資産税	220,000
〃	未払住民税	300,000
別紙明細	葬式費用	3,211,000
計		**13,731,000**

第3章 遺産分割協議書の作成方法

相続財産各人取得表（その2）

山本長五郎（平成26年10月10日死亡）（単位　円）

種　目 年齢等	住所・ 相手先等	面積等	山本香子 (63歳)	山本一郎 (40歳別生計)	山本次郎 (36歳同居)	合　計
土地	所沢市榎町〇〇番	230.00㎡	△36,800,000 46,000,000			△36,800,000 46,000,000
土地	所沢市榎町〇〇番	155.25㎡		31,000,000		31,000,000
家屋	所沢市榎町〇〇番	144.52㎡	5,260,000			5,260,000
家屋	所沢市榎町〇〇番	104.77㎡		4,390,000		4,390,000
有価証券	〇〇建設の株式	50,000株	20,000,000			20,000,000
〃	××水産の株式	30,000株	17,100,000			17,100,000
〃	〇〇石油の株式	4,000株		6,000,000		6,000,000
〃	△△薬品の株式	2,000株			8,000,000	8,000,000
〃	△△信託貸付信託	25口	25,000,000			25,000,000
現金	所沢市榎町〇〇番		400,000			400,000
預貯金	〇〇銀行〇〇支店	普通預金	123,456			123,456
〃	××銀行××支店	定期預金	26,000,000			26,000,000
〃	××信金××支店	〃		4,000,000		4,000,000
〃	ゆうちょ銀行	通常貯金		1,246,645		1,246,645
〃	〇〇信金〇〇支店	定期預金			1,000,000	1,000,000
家庭財産	所沢市榎町〇〇番		300,000			300,000
その他	〇〇生命保険	生命保険金	△9,375,000 50,000,000			△9,375,000 50,000,000
〃	〇〇損害保険	〃		△1,875,000 10,000,000		△1,875,000 10,000,000
〃	〃	〃			△3,750,000 20,000,000	△3,750,000 20,000,000
〃	〇〇薬品㈱	退職手当金	△15,000,000 30,000,000			△15,000,000 30,000,000
代償財産	山本次郎	代償金			9,000,000	9,000,000
〃	山本一郎			△9,000,000		△9,000,000

129

合計			△36,800,000			△36,800,000
			△ 9,375,000	△1,875,000	△3,750,000	△15,000,000
			△15,000,000	△9,000,000	9,000,000	△15,000,000
			220,183,456	56,636,645	29,000,000	305,820,101
差引	第11表の計		159,008,456	45,761,645	34,250,000	239,020,101

相続税計算表（その3）

山本長五郎（平成26年10月10日死亡）（単位　円）

項　目	乗加減	合　計	山本香子	山本一郎	山本次郎
続柄			妻（63歳）	長男（40歳）	次男（36歳）
取得財産	＋	239,020,101	159,008,456	45,761,645	34,250,000
相続時精算財産	＋				
債務・葬式	－	13,731,000	3,211,000	10,520,000	
純資産価額	＝	225,289,101	155,797,456	35,241,645	34,250,000
贈与財産	＋				
課税価格	＝	225,288,000	155,797,000	35,241,000	34,250,000
基礎控除	－	80,000,000			
課税遺産総額	＝	145,288,000			
法定相続分	×	1	1／2	1／4	1／4
各人の取得金額	＝	145,288,000	72,644,000	36,322,000	36,322,000
税率	×		30％	20％	20％
乗算後	＝		21,793,200	7,264,400	7,264,400
控除額	－		7,000,000	2,000,000	2,000,000
各人の仮税額	＝	25,322,000	14,793,200	5,264,400	5,264,400
按分	×	1	0.69	0.16	0.15
実際の算出税額	＝	25,322,000	17,472,180	4,051,520	3,798,300
2割加算	＋				
贈与税額控除	－				
配偶者税額軽減	－	17,472,180	17,472,180		
未成年者控除	－				
障害者控除	－				
相次相続控除	－				
外国税額控除	－				
差引計	＝	7,849,820	0	4,051,520	3,798,300
相続時精算控除	－				
納付税額	＝	7,849,800	0	4,051,500	3,798,300

※按分＝各人の課税価格／課税価格・・・・小数点以下2位未満は調整します。

さて，以上の3つの表で山本家の各人の相続税は決定したのですが，この3つの各表についての説明を簡単にしておきます。
　まず，相続財産の内訳表（その1）では土地と家屋については相続税の評価額は算出していません。
　しかし，資産関係と負債関係（葬式費用を含む）についてはすべて金額が確定しています。これらは第2章の相続財産の評価のしかたに基づいて評価額を算出します。

　つぎに，相続財産各人取得表（その2）では「遺産分割協議書」に基づいた財産分割を各人別に割り振った表を作成します。ここで初めて土地と家屋についての相続税評価額を算出します。これについては第2章第1節①（土地の評価のしかた）と②（家屋の評価のしかた）を参考に相続税評価額を算出します。
　なお，△36,800,000円は土地の評価額46,000,000円の8割減（小規模宅地等の評価減の特例）によるものです。
　また，生命保険金の各人のマイナス分は第2章第2節①の「生命保険金の評価のしかた」でもすこし触れましたが以下の通りです。

　　受取生命保険金－（500万円×法定相続人の数）＝課税対象となる
　　相続財産
ということで，1人当たり500万円の控除があるのですが，それは各人の取得割合により，具体的にはつぎのようになります。
　　1,500万円×各人の生命保険金取得額／全員の生命保険金取得額
　　山本香子分　・・・1,500万円×（5,000万円／8,000万円）
で△9,375,000円となります。
　同様に，山本一郎分は△1,875,000円となります。また，山本次郎分は△3,750,000円となります。

また，退職手当金のマイナス分は第2章第2節2の「退職手当金等について」でもすこし触れましたが以下の通りです。

退職手当金等－（500万円×法定相続人の数）＝課税対象となる相続財産

ということで，1人当たり500万円の控除があるのです。法定相続人が3人ですので1,500万円の控除額となります。計算式は以下の通りです。

1,500万円×（3,000万円／3,000万円）

で△15,000,000円となります。

そして，代償財産分の山本一郎のマイナス分は弟山本次郎に支払った代償金です。

最後に，相続税計算表（その3）ですが，これはその2の相続財産各人取得表に基づき数字を入れていきます。

まず，「取得財産」にはその2の最後の行の「差引」の額が来ます。

つぎに，「債務・葬式」のところには「遺産分割協議書」に基づいたその1の「負債関係」の数字が入ります。

また，「基礎控除」における8,000万円は，5,000万円に法定相続人3人分の3,000万円を加えた価額です。

そのまま，どんどん下に計算していっていただければ自動的に各人の相続税額並びに全体の相続税額が決定していきます。

終わりに，「配偶者税額軽減」につきましては第2章第8節2の「配偶者の税額軽減のしかた」の算式に数字を入れていってもらえれば算出できます。

分からない場合には，後の章で記述します「相続税の申告書の記載例」を参考にしていただければご理解していただけるものと思います。

では，これで一応，たたき台としての各人別の相続税額が算出されたところで次章に入っていきます。

第4章　相続で争族や争続とならないための方法

　"散る桜　残る桜も　散る桜"この句は，新潟県は出雲崎出身の良寛和尚（1758－1831）の辞世の句といわれ，「人にはやがて死を迎える運命を誰もが等しくもっている」ということを表現したものです。戦時中，大西瀧次郎が創設した神風特別攻撃隊の隊員たちがこぞって愛用したとされる句でもあります。

　この句の，前段の「ひらひらと舞い散る桜の様子」は現在を表わし，また後段の「散る桜」は未来のあるべき姿を表現しています。自分はいつ散るのであろうか？

　この点が相続対策の難しいところです。人はいずれ泉下に旅立ちますが，人の寿命はわからず，相続税の厳しいなか，いかに生前贈与を上手にするかを資産家たちは模索します。しかし，死生観の違いか日本は神道と仏教の国で，欧州と異なり死後のことを避けたがり，死ぬまで相続対策をしない場合が多いようです。仄聞したところによりますと，ヨーロッパでは，税目のなかでも特に相続税には頭を痛めていると聞きます。なにしろ，子供が誕生したときから即税金対策に取り組み，納税計画は10年がかりなんてごく当たり前とのことです。

　節税対策云々は別として，人には，早かれ遅かれ「死」という現実はいずれ平等に訪れます。そのとき，骨肉の争いや身内同士での争族や争

続といったみにくい争いは，心の中では誰しもが避けたいと思っている事柄です。

さて，前章におきましては各相続人が何を相続し，その場合どれくらいの相続税がかかるか，というところまでを記述しました。

その場合に，なかには不満のある相続人もいるかと思います。そこでそのような場合には，こういう分割方法もあるのではないか，ということを検討し，さらによりよい方法を探っていく，というのが本章でのねらいです。

第2章の「相続税の計算過程について」が本書の心臓部分であれば，この章はいわば肝臓部分で非常に大切な箇所ですので熟考することです。

さて，前章での「遺産分割協議書」では妻である山本香子に自宅部分を相続させ，また長男で別生計の山本一郎には居宅部分を相続させました。そのおり山本一郎はその代償として次男の山本次郎に900万円の代償金を支払っております。

その理由は，長年連れ添った妻が自宅を相続するのが妥当で，またその場合に小規模宅地等の評価減の特例が受けられ課税価格も1億6千万円ちかくで配偶者の税額軽減も最も効率よく受けられるのではないか，ということなのです。

しかし，この方法ですと第2次相続で税金がかかってきます。平成27年1月1日以降は基礎控除が一気に下がります。しかもつぎの相続では配偶者の税額軽減の適用を受けられません。

基礎控除が3,000万円プラス（法定相続人数×600万円）の4,200万円しかありません。ということは，次回控除できる金額は今回の約半分の控除額しかないということです。

そこで，山本香子が引き継いだ自宅を山本次郎に相続させた場合にどうなるか，というシミュレーションを行ってみましょう。
これに付随して「上居宅内にある家財一式」も移動します。
その代わりに山本次郎が取得していた△△薬品の株式2,000株を山本香子に移動します。
また，この場合には山本一郎から山本次郎への代償金はなしとなります。その代りとして山本一郎から山本香子に○○石油の株式4,000株が移動したとします。

※これですと第2次相続で自宅部分は課税対象とならず，1クッション相続を飛ばすことができます。また，本例では宅地の評価額は低いですが東京都のように評価額の高いところでは効果はいっそう大きくなります。

それでは以下，遺産分割を変更したところでの「遺産分割協議書」，「相続財産の内訳表（その1）」，「相続財産各人取得表（その2）」，「相続税計算表（その3）」を記述します。

遺産分割協議書

　平成26年10月10日埼玉県所沢市榎町〇〇番〇〇号山本長五郎の死亡により，共同相続人山本香子，同山本一郎，同山本次郎は，被相続人の遺産について次のとおり分割することに同意する。

１．相続人　山本香子は，次の遺産を取得する。

記

- (1)　〇〇建設株式会社の株式　　50,000株
- (2)　××水産株式会社の株式　　30,000株
- (3)　〇〇石油株式会社の株式　　4,000株
- (4)　△△薬品株式会社の株式　　2,000株
- (5)　△△信託銀行〇〇支店の被相続人山本長五郎名義の貸付信託
　　　　　25口　　　　25,000,000円
- (6)　現金　　　　　　　　　　400,000円
- (7)　〇〇銀行〇〇支店の被相続人山本長五郎名義の普通預金
　　　　　1口　　　　　123,456円
- (8)　××銀行××支店の被相続人山本長五郎名義の定期預金
　　　　　5口　　　　26,000,000円

２．相続人　山本一郎は，次の遺産を取得する。

記

- (1)　埼玉県所沢市榎町〇〇〇〇番36
　　　宅地　　155.25平方メートル

(2) 埼玉県所沢市榎町○○○○番地36　家屋番号○○○○番36
　　　木造　　モルタル瓦葺２階建　居宅
　　　床面積　１階　　58.45平方メートル
　　　　　　　２階　　46.32平方メートル
(3) ××信用金庫××支店の被相続人山本長五郎名義の定期預金
　　　　１口　　　　　4,000,000円
(4) ゆうちょ銀行の被相続人山本長五郎名義の通常貯金
　　　　１口　　　　　1,246,645円

３．相続人　山本次郎は，次の遺産を取得する。
記
(1) 埼玉県所沢市榎町○○○○番84
　　　宅地　　230.00平方メートル
(2) 埼玉県所沢市榎町○○○○番地84　家屋番号○○○○番84
　　　木造　　スレート葺２階建　居宅
　　　床面積　１階　　96.38平方メートル
　　　　　　　２階　　48.14平方メートル
(3) 上居宅内にある家財一式
(4) ○○信用金庫○○支店の被相続人山本長五郎名義の定期預金
　　　　１口　　　　　1,000,000円

４．その他，後日発覚した財産は法定相続人の均等取得とする。

５．相続人　山本一郎は，被相続人山本長五郎の次の債務を承継する。
記

(1)　〇〇銀行〇〇支店からの借入金　　　10,000,000円
(2)　埼玉県所沢市並木〇-〇-〇所沢市役所に対する平成26年度分
　　　　未払固定資産税　　　　　　220,000円
(3)　埼玉県所沢市並木〇-〇-〇所沢市役所に対する平成26年度分
　　　　未払住民税　　　　　　　　300,000円
　上記の通り相続人全員による遺産分割の協議が成立したので，これを証するためこの協議書3通を作成して署名押印し，各自1通宛保有する。

　　　　　　平成26年10月10日

　　　　　　　　埼玉県所沢市榎町〇〇番〇〇号
　　　　　　　　　　相続人　山本　香子　　㊞
　　　　　　　　埼玉県所沢市榎町〇〇番××号
　　　　　　　　　　相続人　山本　一郎　　㊞
　　　　　　　　埼玉県所沢市榎町〇〇番〇〇号
　　　　　　　　　　相続人　山本　次郎　　㊞

相続財産の内訳表（その１）

山本長五郎（平成26年10月10日死亡）（単位　円）

種　類	住所（登記簿謄本より）	面積	固定資産税評価額
土地（宅地）	所沢市榎町○○○○番84	230.00㎡	25,900,000
土地（宅地）	所沢市榎町○○○○番36	155.25㎡	24,500,000
家屋（木造スレート葺２階建居宅）	所沢市榎町○○○○番地84（家屋番号○○○○番84）	１階96.38㎡ ２階48.14㎡	5,260,000
家屋（木造モルタル瓦葺２階建居宅）	所沢市榎町○○○○番地36（家屋番号○○○○番36）	１階58.45㎡ ２階46.32㎡	4,390,000

資産関係

金融機関等	種　類	平成26年10月10日現在残高
△△証券	○○建設株式会社	20,000,000
〃	××水産株式会社	17,100,000
〃	○○石油株式会社	6,000,000
〃	△△薬品株式会社	8,000,000
△△信託銀行○○支店	貸付信託	25,000,000
所沢市榎町○○番○○号	現　金	400,000
○○銀行○○支店	普通預金	123,456
××銀行××支店	定期預金	26,000,000
××信用金庫××支店	〃	4,000,000
ゆうちょ銀行	通常貯金	1,246,645
○○信用金庫○○支店	定期預金	1,000,000
所沢市榎町○○番○○号	家庭用財産	300,000
○○生命保険	生命保険金	50,000,000
○○損害保険	〃	20,000,000
〃	〃	10,000,000
○○薬品株式会社	退職手当金	30,000,000
計		219,170,101

負債関係

○○銀行○○支店	証書借入	10,000,000

所沢市役所	未払固定資産税	220,000
〃	未払住民税	300,000
別紙明細	葬式費用	3,211,000
計		**13,731,000**

相続財産各人取得表(その2)

山本長五郎(平成26年10月10日死亡)(単位 円)

種目 年齢等	住所・相手先等	面積等	山本香子 (63歳)	山本一郎 (40歳別生計)	山本次郎 (36歳同居)	合計
土地	所沢市榎町〇〇番	230.00㎡			△36,800,000 46,000,000	△36,800,000 46,000,000
土地	所沢市榎町〇〇番	155.25㎡		31,000,000		31,000,000
家屋	所沢市榎町〇〇番	144.52㎡			5,260,000	5,260,000
家屋	所沢市榎町〇〇番	104.77㎡		4,390,000		4,390,000
有価証券	〇〇建設の株式	50,000株	20,000,000			20,000,000
〃	××水産の株式	30,000株	17,100,000			17,100,000
〃	〇〇石油の株式	4,000株	6,000,000			6,000,000
〃	△△薬品の株式	2,000株	8,000,000			8,000,000
〃	△△信託貸付信託	25口	25,000,000			25,000,000
現金	所沢市榎町〇〇番		400,000			400,000
預貯金	〇〇銀行〇〇支店	普通預金	123,456			123,456
〃	××銀行××支店	定期預金	26,000,000			26,000,000
〃	××信金××支店	〃		4,000,000		4,000,000
〃	ゆうちょ銀行	通常貯金		1,246,645		1,246,645
〃	〇〇信金〇〇支店	定期預金			1,000,000	1,000,000
家庭財産	所沢市榎町〇〇番				300,000	300,000
その他	〇〇生命保険	生命保険金	△9,375,000 50,000,000			△9,375,000 50,000,000
〃	〇〇損害保険	〃		△1,875,000 10,000,000		△1,875,000 10,000,000
〃	〃	〃			△3,750,000 20,000,000	△3,750,000 20,000,000
〃	〇〇薬品㈱	退職手当金	△15,000,000 30,000,000			△15,000,000 30,000,000
合計			△9,375,000	△1,875,000	△36,800,000 △3,750,000	△36,800,000 △15,000,000

			△15,000,000		△15,000,000
			182,623,456	50,636,645	72,560,000	305,820,101
差引	第11表の計		158,248,456	48,761,645	32,010,000	239,020,101

第4章 相続で争族や争続とならないための方法

相続税計算表（その３）

山本長五郎（平成26年10月10日死亡）（単位　円）

項　目	乗加減	合　計	山本香子	山本一郎	山本次郎
続柄			妻（63歳）	長男（40歳）	次男（36歳）
取得財産	＋	239,020,101	158,248,456	48,761,645	32,010,000
相続時精算財産	＋				
債務・葬式	−	13,731,000	3,211,000	10,520,000	
純資産価額	＝	225,289,101	155,037,456	38,241,645	32,010,000
贈与財産	＋				
課税価格	＝	225,288,000	155,037,000	38,241,000	32,010,000
基礎控除	−	80,000,000			
課税遺産総額	＝	145,288,000			
法定相続分	×	1	1／2	1／4	1／4
各人の取得金額	＝	145,288,000	72,644,000	36,322,000	36,322,000
税率	×		30％	20％	20％
乗算後	＝		21,793,200	7,264,400	7,264,400
控除額	−		7,000,000	2,000,000	2,000,000
各人の仮税額	＝	25,322,000	14,793,200	5,264,400	5,264,400
按分	×	1	0.69	0.17	0.14
実際の算出税額	＝	25,322,000	17,472,180	4,304,740	3,545,080
２割加算	＋				
贈与税額控除	−				
配偶者税額軽減	−	17,425,903	17,425,903		
未成年者控除	−				
障害者控除	−				
相次相続控除	−				
外国税額控除	−				
差引計	＝	7,896,097	46,277	4,304,740	3,545,080
相続時精算控除	−				
納付税額	＝	7,895,900	46,200	4,304,700	3,545,000

※按分＝各人の課税価格／課税価格・・・・小数点以下２位未満は調整します。

以上のとおり，前章の「遺産分割協議書」に基づき作成した変更前（たたき台）の相続税計算表（その３）の合計の納付額と本章の変更後のそれとを比較した場合には，変更後の方が46,100円多いことが分かります。

　しかし，第２次相続（妻である山本香子が死亡するとした場合）で自宅分が課税対象外となることを考慮すれが大変な節税効果があります。
　不動産が課税対象から外されることは現金や預貯金，有価証券等の流動資産が外されるよりも，ぐっとその後の節税対策がしやすくなります。つまり不動産はその語句のとおり簡単には動かせませんが流動資産はいつでも勝手に気軽に自由に動かせ節税対策しやすい種類の資産だということです。

　それに先にも記述しましたが，第２次相続では基礎控除が3,000万円プラス（法定相続人数×600万円）の4,200万円しかなく，しかも配偶者の税額軽減の措置も受けられません。ということは個々人の胸の中はどうか知りませんが税金の側面だけを考えれば変更後の方が断然有利です。

　このようにたたき台をもとに第１案，第２案，第３案（わたしなど通常，３案くらい作成してもらいます）と作成し，ときには個々人の納得のいく数字，また，ときには第２次相続のことを念頭に，そして相続人の将来の人生設計をも俯瞰的に考慮しながら分割されるのがいいと思います。

　この場合の基本的な注意点は

　① 不動産はできることなら配偶者にではなく卑属（子や孫）に相続

させた方が有利です。一世代課税を飛ばせますから。

② わたしは第1章第1節で，わが国の採用している相続税の計算方式は法定相続分課税方式であると記述しました。そしてこの方式は**遺産分割の仕方によって相続税が違ってくるのを防ぐために**，いったん法定相続分で分割したものと仮定して相続税の総額を計算し，そののち各人が実際に取得した割合で計算し直し各人の相続税額を算出すると記述しました。

しかし，分割方法により相続税の総額が大きく異なることがあります。それは税額軽減等を適用した場合です。一つは**小規模宅地等の評価減の特例**（誰が相続するかにより適用を受けられる場合と受けられない場合とがありますので注意）で，もう一つは**配偶者の税額軽減**（課税価格の合計額に配偶者の法定相続分を掛けた金額又は1億6千万円の**どちらか多い方**の金額が税額軽減できる金額ですので注意）です。

また，小規模宅地等の評価減を受ける場合に，納税額の点で，その適用を受ける者とそうでない者との間で不満が生じるケースが時々あります。それを解消するには**代償金**を利用することです。これらのことを総合的に勘案しながらできるだけ平等に財産分割するのが円満な相続方法のコツといえます。

③ 上記の第1案，第2案等々は相続人の数が多ければ多いほどその選択肢が増えます。

④ 遺言書のある場合には「遺言書分割」したものと，「法定相続分割」したものとの両方の相続財産各人取得表（その2），相続税計算表（その3）を作成し比較検討してみましょう。

⑤　わたしのここでいう第1案，第2案というシミュレーションは決して将来のものではなく既に決定しているものを如何に分割するのが効率よくしかも円満にことが運ぶかを選択しようというものです。

　例えば，金融機関などが節税相談（本当は融資をするため）と称して，収益を得ることのできる不動産を購入させるというケースがあります。そのときは，それなりの将来を予測した計算書を持ってきます。これは，一見なるほど不動産は評価額が低いし不動産収入は将来の相続税の納税資金になるという利点があります。しかし，将来のシミュレーションはあくまでも将来のことだし数字上だけのもの。先に何があるかなど，予測が専門の占い師にだって分かりません。例えば，東京の銀座に，あるテナントビルを建てたとします。初めのうちは優良企業が入ってくれていたのですが，数年経つと事情が変わってきます。その企業は業績がよくなり，そこを出て行ってしまった。

　つぎに，そこに合う広さを求めるテナントがなかなか見つからない。つまり将来の不測の事態であるとか経済状況など誰にも分からない，ということです。金融機関のできることは，せいぜい物価の変動であるとか，減価償却費等を含めた税金の予測くらいのものです。結局，追われるようにビルの経営者は銀座を離れますが金融機関は何も責任を取らない。それに，何より銀行の欠点は銀行員の転勤がはなはだしいということです。担当者が変わるごとに一から説明しなければならないということです。わたしの見るところではこういうケースの失敗例は7割で3割がほぼ成功例といったところです。

第5章　相続税申告書の作成方法

　本書も，そろそろ終章に近い段階に入ってきました。本章では，いよいよ相続税申告書の作成方法ということで，そのシステムから記述していきます。

　前々章，前章で相続税の計算をする際，相続税の計算表（その3）を作成しましたが，実はこの表は**相続税申告書の第1表**なのです。

　相続税の申告書は基本的には第1表から第15表までありますが，第2表以下はすべて第1表に通じる明細表なのです。

　ハブ空港ではありませんが第2表以下のすべての表は第1表に集約されるための表なのです。いわば，第1表は他の表の拠点となっています。

　※誰が編み出したのか知りませんが，実に巧妙に作られています。

　ですから，前々章，前章の相続税計算表（その3）だけを作成すれば，各人別および全体の相続税額を知ることができるのです。

　それでは，以下第1表から第15表まで各表の機能を説明していきます。そしてその後，各表をどの順番で作成していけば相続税申告書を完成しやすいかについて記述していきます。

第1表（相続税の計算書）・・・一番基本となる表です。第2表以下の

すべての明細表が集められ最終的な税額が決定される表です。

第2表（相続税の総額の計算書）・・・いわゆるわが国の相続税の計算方式である法定相続分課税方式を行うための表です。ここで仮税額の総額が算出されます。

第3表（農業相続人がいる場合）・・・相続財産を取得した人のうちに農業所得者がいる場合の各人の税額を算出するための計算書です。

第4表（贈与税額控除額）・・・暦年課税分の贈与税額控除額の計算書です。これは相続開始時前3年分できます。なお，相続時精算課税適用者の贈与税額控除は第11の2表で行います。

第5表（配偶者の税額軽減額の計算書）・・・この表は「配偶者の税額軽減」の計算書です。配偶者の取得分が，課税価格の合計額に配偶者の法定相続分を掛けた金額と1億6千万円とのどちらか多い金額まで納付税額がゼロになるという計算書です。

第6表（未成年者・障害者控除額の計算書）・・・この表は，相続人のなかに未成年者あるいは障害者の人がいる場合に税額控除するための計算者です。なお，控除しきれない場合には，その残額は扶養義務者の相続税額から控除できるという計算書です。

第7表（相次相続控除額の計算書）・・・この表は，被相続人が，今回の相続が開始される時点から10年以内に開始した前の相続で相

続税を納付していた場合に，ある一定の相続税が控除されるという計算書です。

第8表（外国税額控除額・農地等納税猶予税額）・・・この表は，外国税額控除額および農地等の納税猶予税額を計算する場合の計算書です。

第9表（生命保険金などの明細書）・・・この表は，生命保険金を受け取った場合，法定相続人一人当たり500万円（非課税分）の控除ができ，それも受け取った金額の割合に応じてそれぞれの相続人の控除額を計算する表です。

※ここでの控除額は税額控除ではありません。

第10表（退職手当金などの明細書）・・・この表は，退職手当金等の控除明細で第9表と同じ内容の計算書です。

　つまり，退職手当金等を受け取った場合，法定相続人一人当たり500万円（非課税分）の控除ができ，それも受け取った金額の割合に応じてそれぞれの相続人の控除額を計算する表です。

※ここでの控除額は税額控除ではありません。

第11表（相続税がかかる課税財産の明細書）・・・この表は，本書第2章第1節の「種々の相続財産の評価のしかた（本来の相続財産について）」および第2節の「みなし相続財産について」の相続財産，プラス代償財産がある場合にはそれについての明細を書く表です。

第11の2表（相続時精算課税適用財産）・・・この表は，本書第2章第3節で記述した相続時精算課税適用財産についてその価額を第1表の②に転記するとともに，贈与税額があったときには第1表の⑳に移記し税額控除を受ける計算書です。

第11・11の2表の付表1　（小規模宅地等，特定計画山林他についての課税価格の計算明細書）
　　同　　　付表2の1　［小規模宅地等についての課税価格の計算明細（その1）］
　　同　　　付表2の2　［小規模宅地等についての課税価格の計算明細（その2）］
　　同　　　付表2の3　［小規模宅地等についての課税価格の計算明細（その3）］
等は，本書第2章第1節①の3で記述しました「小規模宅地等の評価減の特例」についての計算明細書です。

第12表（農地等についての納税猶予の適用を受ける特例農地等の明細書）・・・農地等についての納税猶予の適用を受ける場合における，その特例農地等の明細書です。

第13表（債務及び葬式費用の明細書）・・・本書第2章第4節で記述した「債務・葬式費用」を各人別に記載した計算明細書です。

第14表（純資産価額に加算される贈与財産価額他・特定の公益法人等に寄附した相続財産，他のために支出した相続財産の明細書）・・・この表は，純資産価額に加算される暦年課税分の贈与財産価額

（第1表の⑤に移記）および特定贈与財産価額（配偶者の居住用不動産に関する贈与で2,000万円の控除があります）についての明細，ならびに出資持分の定めのない法人などに遺贈した財産，特定の公益法人などに寄附した相続財産・特定公益信託のために支出した相続財産の明細書です。

第15表（相続財産の種類別価額表）・・・この表は，第11表（課税財産），第12表（特例農地等），第13表（債務・葬式費用），第14表（純資産価額に加算される贈与財産価額）までの記載に基づいて作成する相続財産の種類別の価額表です。

以上が，相続税の申告書の第1表から第15表までについての説明です。つぎに，この相続税の申告書を作成する順序と説明をした後，前章で記述しました具体的な例で申告書を作成していきたいと思います。

まず，**第1段階グループ**として

(1) **第9表**（生命保険金などの明細書）の計算をします。この表は法定相続人一人当たり500万円の非課税枠がありますので，それを控除した額が第11表に転記されます。

(2) **第10表**（退職手当金などの明細書）の計算をします。この表は法定相続人一人当たり500万円の非課税枠がありますので，それを控除した額が第11表に転記されます。

(3) **第11・11の2表の付表1～4**（小規模宅地等の特例・特定計画山林

の特例などの明細書）の計算をします。そして減額された後の価額が第11表に転記されます。

(4) **第11表**（相続税がかかる財産の明細書）に上記以外の財産を記入していきましょう。家屋，有価証券，現金・預貯金等，家庭用財産，ゴルフの会員権等その他の財産等々です。これらの合計額および各人の取得財産の価額は第1表に転記されます。

※これらを記入していく場合には，まず土地，家屋，有価証券といったように順序よく記載していきましょう。

つぎに，**第2段階グループ**として

(5) **第12表**（納税猶予の適用を受ける特例農地等の明細書）を記入して第3表に転記します。

※これは，農地等に関することですので一般の人には，あまり関わりないかと思います。

では，つぎに**第3段階グループ**として

(6) **第13表**（債務及び葬式費用の明細書）を作成します。そして，それらの数字を第15表および第1表に転記します。

(7) **第14表**（純資産価額に加算される贈与財産価額他・特定の公益法人等に寄附した相続財産，他のために支出した相続財産の明細書）を

作成します。そしてこれらを第1表と第15表に転記します。

(8) **第15表**（相続財産の種類別価額表）を第11表から第14表に基づいて記入していきます。

　そして，**第4段階グループ**として，いよいよここで相続税の計算を行っていきます。

(9) **第1表**（相続税の計算書）を計算していきます。この場合，第1表には既に第11表や第11の2表，第13表，第14表等の数字が来ていますので課税価格（第1表の⑥のの価格）が分かります。

(10) **第2表**（相続税の総額の計算書）では，上記第1表の課税価格が分かれば相続税の総額（仮税額）が算出できます。そして，その相続税の総額は再び第1表に転記されます。

(11) **第3表**（農業相続人がいる場合）を作成し，「各人の算出税額」を第1表に転記します。

　以上，第4段階グループで相続税額が算出されたのですが，さらに**第5段階グループ**としてその税額に加算されたり，税額軽減されたり又は控除されたり，という内容の明細書を作成します。そして，算出された税額が各人の納付額であり，または還付税額となるのです。

(12) **第4表**（贈与税額控除額）では，「相続税額の2割加算が行われる場合の加算金額」並びに「贈与税額の控除額」を記入して，それぞ

れ第1表に転記します。

⒀ **第5表**（配偶者の税額軽減額の計算書）では，配偶者の大幅な税額軽減を計算して第1表に転記します。

⒁ **第6表**（未成年者・障害者控除額の計算書）では，相続人のなかに，未成年者あるいは障害者の方がいられる場合に税額控除の計算をし，第1表に転記します。

⒂ **第7表**（相次相続控除額の計算書）では，相次相続の適用がある場合にそれを計算し，第1表に転記します。

⒃ **第8表**（外国税額控除額・農地等納税猶予税額）では，それぞれの控除がある場合に，それを計算し，第1表に転記します。

※**では，つぎに前章で作った「遺産分割協議書」による相続税の申告書を，実際に作成していきます。**

① まず，最初に**第9表**について計算します。
生命保険金の受取額は，山本香子5,000万円，山本一郎1,000万円，山本次郎2,000万円です。また，法定相続人が3人ですので非課税枠は，1,500万円です。
山本香子の第11表への移記は以下の通りです。
1,500万円×5,000万円／8,000万円＝9,375,000円が山本香子の控除額です。したがって山本香子の第11表への移記分は
50,000,000円－9,375,000円＝40,625,000円です。

山本一郎の第11表への移記は以下の通りです。
1,500万円×1,000万円／8,000万円＝1,875,000円が山本一郎の控除額です。したがって山本一郎の第11表への移記分は
10,000,000円－1,875,000円＝8,125,000円です。
山本次郎の第11表への移記は以下の通りです。
1,500万円×2,000万円／8,000万円＝3,750,000円が山本次郎の控除額です。したがって山本次郎の第11表への移記分は
20,000,000円－3,750,000円＝16,250,000円です。

② つぎに，**第10表**について作成します。
退職手当金については，山本香子だけが3,000万円を受け取っています。他の2人は受け取っていません。また，法定相続人が3人ですので非課税枠は1,500万円です。
山本香子の第11表への移記は以下の通りです。
1,500万円×3,000万円／3,000万円＝1,500万円が山本香子の控除額です。したがって山本香子の第11表への移記分は
30,000,000円－15,000,000円＝15,000,000円です。
なお，他の2人は退職手当金を受け取っていませんので，第11表への移記はありません。

③ つぎに，**第11・11の2表の付表1**
　　　　　第11・11の2表の付表2の1
　　　　　第11・11の2表の付表2の2
　　　　　第11・11の2表の付表2の3等について計算します。これらは関連していますので，少し複雑です。
まず，この特例を受けるのが山本次郎ですので，**第11・11の2表の**

付表1の［1　特例の適用にあたっての同意］のところの「特例の対象となり得る財産を取得した全ての人の氏名」欄に山本香子，山本一郎，山本次郎と記載します。また，［2　特例の適用を受ける財産の明細］のところでは「(1)」の小規模宅地等の明細の番号を○で囲みます。

つぎに，**第11・11の2表の付表2の3**の［1　一の宅地等の所在地，面積及び評価額］欄を記載します。まず，「宅地等の所在地」，「①宅地等の面積」を記載するとともに，「相続開始の直前における宅地等の利用区分」に基づき，その「面積（㎡）」及び「評価額（円）」を記載します。本例では「230.00」及び「46,000,000」となります。そして，つぎに［2　一の宅地等の取得者ごとの面積及び評価額］欄を記載します。まず，「宅地等の取得者氏名」，「⑭持分割合」を記載するとともに，「1　持分に応じた宅地等」，「2　左記の宅地等のうち選択特例対象宅地等」，「3　特例の対象とならない宅地等（1－2）」を記入します。本例ではE（居住用の宅地等）のところに「230.00」及び「46,000,000」が入ります。

つぎに，上記記載の金額を第11・11の2表の付表2の1の［1　小規模宅地等の明細］の左欄に移記するとともに，［2　限度面積要件の判定］に移記します。

※この「限度面積要件の判定」に関しましては平成27年1月1日以降変更されます。

また，この［2　限度面積要件の判定］の数字は，第11・11の2表の付表1の［3　特定計画山林の特例の対象となる特定計画山林等の調整限度額の計算］の「(1)　小規模宅地等の特例の適用を受ける面積」に入ります。

つぎに，第11・11の2表の付表2の2の［3「⑥課税価格の計算に当たって減額される金額」の計算］のところで80％減額される計算を行います。本例の場合は46,000,000円の80％ですから36,800,000円が減額されます。その数字が「⑰特定居住用宅地等」の欄に入ります。

つぎに，第11・11の2表の付表2の1の右欄に，「230」と入れるとともに減額された36,800,000円と差額である9,200,000円を記入します。

そして，この9,200,000円が山本次郎の相続財産額となるため第11表に移記されます。

④ つぎに，**第11表**を埋めていきます。
これは，第2章第1節（本来の相続財産について）及び第2節（みなし相続財産について）において記述しました各々の評価額を記載していきます。本例では，「土地」,「家屋，構築物」,「有価証券」,「現金預貯金等」,「家庭用財産」,「その他の財産」の順に記載していきます。

⑤ つぎに，**第13表**を記入します。
債務につきましては「遺産分割協議書」に記載された債務を記入します。また葬式費用は第2章第4節②で記述しました「葬式費用として認められるもの」を支払った場合の「支払先」,「住所又は所在地」,「支払年月日」,「金額」及び「それを負担した人の氏名」と「負担金額」を記載します。

⑥ つぎに**第15表**を記載します。

これにつきましては，第11表から第14表までの記載に基づいて記入します。まず，「宅地」のところには第11表の「土地」部分，また「家屋・構築物」につきましては第11表の「家屋・構築物」の部分を記入します。

つぎに，「有価証券」の⑰のところには，やはり第11表の「その他の株式」の金額が入り，⑲のところには第11表の「貸付信託」の金額が入ります。

つぎに，「現金・預貯金等」のところには，第11表の「現金・預貯金等」の金額が入ります。

また，「家庭用財産」のところには，やはり第11表の「家庭用財産」の金額が入ります。

つぎに，「生命保険金等」のところには，同じく第11表その他の財産の「生命保険金等」の金額が入り，「退職手当金等」のところには第11表のその他の財産の「退職手当金等」の金額が入ります。

ここまでの合計が，第11表に記載された，相続財産の合計額となります。（農地等がある場合には第12表も関係してきます）

つぎに，「不動産等の価額」につきましては本例では「土地」部分と「家屋・構築物」の合計金額が入ります。

つぎに，債務等の「債務」及び「葬式費用」につきましては第13表の金額が入ります。

⑦ つぎは，いよいよ**第1表**です。

この表は，**第2表**とのからみで第1表と第2表を行ったり来たりします。

まず，第1表の「取得財産の価額」には第11表の③の金額が来ます。

つぎに，「債務及び葬式費用の金額」には第13表の「3　債務及び葬式費用の合計額」の⑦の金額が入ります。

そして，そのまま加減算した数字が④の「純資産価額」に来ます。本例では⑤の「純資産価額に加算される暦年課税分の贈与財産価額」はありませんので，そのまま1,000円未満切捨ての金額が⑥の「課税価格」に降りてきます。

⑧　第1表の「課税価格」⑥までの記入が終わりますと，つぎに第2表の②の「遺産に係る基礎控除額」に「3人」と「8,000万円」の数字を入れます。そして，「相続税の総額」（仮税額）を算出します。まず，「課税価格の合計額」の225,288,000円は第1表の「課税価格」⑥から来ます。

そして算出された「課税遺産総額」を各人に応じた法定相続分で取得したものとして各人ごとの税額を下欄の「相続税の速算表」を参考に算出します。本例では25,322,000円（仮税額）となります。

⑨　第2表で算出された「相続税の総額」が第1表の「相続税の総額」⑦に来ます。また，第2表の「②遺産に係る基礎控除額」が第1表の「法定相続人の数及び遺産に係る基礎控除額」に移記されます。

つぎに，第1表の⑧で各人別の実際の取得額の割合を出します。算出方法は，各人の課税価格⑥／課税価格の総額です。

※あん分割合は，普通小数点が出てきますが，その際，合計額が1.00になるように小数点以下2位未満の端数を調整してもよいことになっています。

つぎに，「相続税の総額」⑦に各人のあん分割合⑧を乗じた額が，各人の実際の相続税額となります。

⑩ つぎに，各人の税額控除を算出するのですが，本例では「配偶者の税額軽減額」だけが該当しますので，以下，**第5表**を作成します。まず，「課税価格の合計額のうち配偶者の法定相続分相当額」のところは，第1表の「課税価格」の総額に配偶者の法定相続分を乗じて算出します。この数字が1億6,000万円に満たない場合には1億6,000万円となります。

つぎに，「配偶者の税額軽減額を計算する場合の課税価格」を出します。

本例では155,037,000円です。

上記の数字を基に⑩の「配偶者の税額軽減の基となる金額」を算出します。

本例では17,425,903円です。

そして，この金額と第1表で算出した⑨の「配偶者の算出税額」とのいずれか少ない金額が，配偶者の税額軽減額となります。

⑪ 上記の「配偶者の税額軽減額」が第1表の「配偶者の税額軽減額」⑬に移記されます。つぎに「差引税額」⑲には各人の算出税額から税額控除を差し引いた金額が示されます。また，「小計」では，黒字の場合100円未満は切り捨てられます。そして，降りてきた金額が，申告納税額となります。

以上が，前章に基づく相続税申告書作成の説明ですが，実際の相続税の申告書を掲載する前に注意事項を記述しておきます。

注 平成27年1月1日以降開始する相続から，数点の改正がありますが，以下改正前と改正後について関係事項についてのみ記述しておきます。

第5章　相続税申告書の作成方法

① 特定居住用宅地等の，適用対象面積が拡大されました。
　　改正前・・・・・・240㎡
　　改正後・・・・・・330㎡

② 特定居住用宅地等と特定事業用宅地等との併用が完全にＯＫとなりました。
　　改正前・・・・・・400㎡
　　改正後・・・・・・730㎡

③ 未成年者控除の控除額が増額されることとなりました。
　　改正前・・・・・・20歳に達するまでの１年につき６万円
　　改正後・・・・・・20歳に達するまでの１年につき10万円

④ 障害者控除の控除額が増額されることとなりました。
　　改正前・・・・・・85歳になるまでの１年につき６万円
　　　　　　　　　　　特別障害者の場合には12万円
　　改正後・・・・・・85歳になるまでの１年につき10万円
　　　　　　　　　　　特別障害者の場合には20万円

では，つぎに実際の相続税の申告書を掲載します。

相続税の申告書

所沢 税務署長
27年7月31日提出
相続開始年月日 26年10月10日
※申告期限延長日 年 月 日
FD3553
第1表（平成26年分以降用）

	各人の合計	財産を取得した人
フリガナ	(被相続人) ヤマモト チョウゴロウ	ヤマモト キョウコ
氏名	山本 長五郎	山本 香子 ㊞
生年月日	昭和24年8月10日 (年齢65歳)	昭和26年3月3日 (年齢63歳)
住所（電話番号）	埼玉県所沢市榎町○○	埼玉県所沢市榎町○○ (-XXX-XXXX)
被相続人との続柄 職業	○○薬品(株) 会社役員	妻 なし
取得原因	該当する取得原因を○で囲みます。	相続・遺贈・相続時精算課税に係る贈与

※整理番号

課税価格の計算		
① 取得財産の価額（第11表③）	239,020,101	158,248,456
② 相続時精算課税適用財産の価額（第11の2表1⑦）		
③ 債務及び葬式費用の金額（第13表3⑦）	13,731,000	3,211,000
④ 純資産価額（①+②-③）（赤字のときは0）	225,289,101	155,037,456
⑤ 純資産価額に加算される暦年課税分の贈与財産価額（第14表1④）		
⑥ 課税価格（④+⑤）（1,000円未満切捨て）	225,288,000 Ⓐ	155,037,000
法定相続人の数	3人	
遺産に係る基礎控除額	80,000,000	
⑦ 相続税の総額	25,322,000	左の欄には、第2表の⑧欄の金額を記入します。
⑧ あん分割合	1.00	0.69
⑨ 一般の場合（⑩の場合を除く）	25,322,000	17,472,180
⑩ 農地等納税猶予の適用を受ける場合		
⑪ 相続税額の2割加算が行われる場合の加算金額（第4表⑤）		
⑫ 暦年課税分の贈与税額控除額		
⑬ 配偶者の税額軽減額（第5表⑤又は⑥）	17,425,903	17,425,903
⑭ 未成年者控除額（第6表1②,③又は⑥）		
⑮ 障害者控除額（第6表2②,③又は⑥）		
⑯ 相次相続控除額（第7表⑬又は⑱）		
⑰ 外国税額控除額（第8表1⑧）		
⑱ 計	17,425,903	17,425,903
⑲ 差引税額（⑨+⑪-⑱又は⑩+⑪-⑱）（赤字のときは0）	7,896,097	46,277
⑳ 相続時精算課税分の贈与税額控除額（第11の2表⑧）	00	00
㉑ 医療法人持分税額控除額（第8の4表2B）		
㉒ 小計（⑲-⑳-㉑）（黒字のときは100円未満切捨て）	7,895,900	46,200
㉓ 農地等納税猶予税額（第8表2⑦）	00	00
㉔ 株式等納税猶予税額（第8の2表2⑨）		
㉕ 山林納税猶予税額（第8の3表2⑧）		
㉖ 医療法人持分納税猶予税額（第8の4表2A）		
㉗ 申告期限までに納付すべき税額（㉒-㉓-㉔-㉕-㉖）	7,895,900	46,200
㉘ 還付される税額		

第5章 相続税申告書の作成方法

相続税の申告書（続）　FD3554

		財産を取得した人	財産を取得した人
フリガナ		ヤマモト イチロウ	ヤマモト ジロウ
氏名		山本一郎 ㊞	山本次郎 ㊞
生年月日		昭和49年5月20日（年齢40歳）	昭和53年4月10日（年齢36歳）
住所（電話番号）		埼玉県所沢市榎町〇〇 -xxx-xxxx	埼玉県所沢市榎町〇〇 -xxx-xxxx
被相続人との続柄	職業	長男　会社役員	次男　会社員
取得原因		相続・遺贈・相続時精算課税に係る贈与	相続・遺贈・相続時精算課税に係る贈与
※整理番号			

第1表（続）（平成26年分以降用）

課税価格の計算

項目		山本一郎	山本次郎
取得財産の価額（第11表③）	①	48,761,645円	32,010,000
相続時精算課税適用財産の価額（第11の2表1⑦）	②		
債務及び葬式費用の金額（第13表3⑦）	③	10,520,000	
純資産価額（①+②-③）（赤字のときは0）	④	38,241,645	32,010,000
純資産価額に加算される暦年課税分の贈与財産価額（第14表1④）	⑤		
課税価格（④+⑤）（1,000円未満切捨て）	⑥	38,241,000	32,010,000

各人の算出税額の計算

法定相続人の数／遺産に係る基礎控除額／相続税の総額	⑦		
一般の場合（⑩の場合を除く）／あん分割合／算出税額（⑦×各人の⑧）	⑧⑨	0.17　4,304,740円	0.14　3,545,080円
農地等納税猶予の適用を受ける場合／算出税額	⑩		
相続税額の2割加算が行われる場合の加算金額（第4表1⑤）	⑪	円	円

各人の納付・還付税額の計算

暦年課税分の贈与税額控除額（第4表2⑤）	⑫		
配偶者の税額軽減額（第5表⑦又は⑭）	⑬		
未成年者控除額（第6表1②、③又は⑥）	⑭		
障害者控除額（第6表2②、③又は⑥）	⑮		
相次相続控除額（第7表③又は⑱）	⑯		
外国税額控除額（第8表1⑧）	⑰		
計	⑱		
差引税額（⑨+⑪-⑱）又は（⑩+⑪-⑱）（赤字のときは0）	⑲	4,304,740	3,545,080
相続時精算課税分の贈与税額控除額（第11の2表⑨）	⑳	00	00
医療法人持分税額控除額（第8の4表2B）	㉑		
小計（⑲-⑳-㉑）（黒字のときは100円未満切捨て）	㉒	4,304,700	3,545,000
農地等納税猶予税額（第8表2⑦）	㉓	00	00
株式等納税猶予税額（第8の2表2⑧）	㉔		
山林納税猶予税額（第8の3表2⑧）	㉕		
医療法人持分納税猶予税額（第8の4表2A）	㉖		
申告納税額／申告期限までに納付すべき税額（㉒-㉓-㉔-㉕-㉖）	㉗	4,304,700	3,545,000
還付される税額	㉘		

（注）㉒欄の金額が赤字となる場合は、㉒の左端に△を付してください。なお、この場合で、㉒欄の金額のうちに贈与税の外国税額控除額（第11の2表⑨）があるときの㉗欄については、「相続税の申告のしかた」を参照してください。

第1表（続）（平26.7）　（資4-20-2-1-A4統一）

165

相続税の総額の計算書

被相続人　山本長五郎

第2表（平成21年4月分以降用）

○この表は、第1表及び第3表の「相続税の総額」の計算のために使用します。
なお、被相続人から相続、遺贈や相続時精算課税に係る贈与によって財産を取得した人のうちに農業相続人がいない場合は、この表の㋐欄及び㋑欄並びに⑨欄から⑪欄までは記入する必要がありません。

○この表を修正申告書の第2表として使用するときは、⑭欄には修正申告書第1表の㋺欄⑥Ⓐの金額を記入し、㋩欄には修正申告書第3表の1の㋺欄⑥Ⓐの金額を記入します。

① 課税価格の合計額	② 遺産に係る基礎控除額	③ 課税遺産総額
第1表 (㋺⑥Ⓐ)　225,288,000 円	5,000万円+(1,000万円×[Ⓑ の法定相続人の数] 3 人)= [㋑] 8,000万円	(㋥) (㋺-㋑) 145,288,000 円
第3表 (㋺⑥Ⓐ) ,000 円	㋑の人数及び㋑の金額を第1表⑧欄へ転記します。	(㋭) (㋩-㋑) ,000 円

④ 法定相続人 （(注)1参照）		⑤ 左の法定相続人に応じた法定相続分	第1表の「相続税の総額⑦」の計算		第3表の「相続税の総額⑦」の計算	
氏　名	被相続人との続柄		⑥ 法定相続分に応ずる取得金額 (㋥×⑤) (1,000円未満切捨て)	⑦ 相続税の総額の基となる税額 下の「速算表」で計算します。	⑨ 法定相続分に応ずる取得金額 (㋭×⑤) (1,000円未満切捨て)	⑩ 相続税の総額の基となる税額 下の「速算表」で計算します。
山本　香子	妻	1/2	72,644,000 円	14,793,200 円	,000 円	円
山本　一郎	長男	1/4	36,322,000	5,264,400	,000	
山本　次郎	次男	1/4	36,322,000	5,264,400	,000	
			,000		,000	
			,000		,000	
			,000		,000	
			,000		,000	
			,000		,000	
法定相続人の数	Ⓐ 人 3	合計 1	⑧ 相続税の総額 (⑦の合計額) (100円未満切捨て) 25,322,000		⑪ 相続税の総額 (⑩の合計額) 00	

(注)1　④の記入に当たっては、被相続人に養子がある場合や相続の放棄があった場合には、「相続税の申告のしかた」をご覧ください。
　　2　⑧の金額を第1表⑦欄へ転記します。財産を取得した人のうちに農業相続人がいる場合は、⑧欄の金額を第1表⑦欄へ転記するとともに、⑪欄の金額を第3表⑦欄へ転記します。

相続税の速算表

法定相続分に応ずる取得金額	10,000千円以下	30,000千円以下	50,000千円以下	100,000千円以下	300,000千円以下	300,000千円超
税　率	10%	15%	20%	30%	40%	50%
控除額	－千円	500千円	2,000千円	7,000千円	17,000千円	47,000千円

この速算表の使用方法は、次のとおりです。
⑥欄の金額×税率－控除額＝⑦欄の税額　　⑨欄の金額×税率－控除額＝⑩欄の税額
例えば、⑥欄の金額30,000千円に対する税額（⑦欄）は、30,000千円×15％－500千円＝4,000千円です。

○連帯納付義務について
　相続税の納税については、各相続人等が相続、遺贈や相続時精算課税に係る贈与により受けた利益の価額を限度として、お互いに連帯して納付しなければならない義務があります。

第2表(平25.7)　　　　　　　　　　　　　　　　　　　　　　　　　　　　　　　　(資4－20－3－A4統一)

第5章 相続税申告書の作成方法

配偶者の税額軽減額の計算書

被相続人 山本　長五郎

第5表（平成21年4月分以降用）

私は、相続税法第19条の2第1項の規定による配偶者の税額軽減の適用を受けます。

1 一般の場合

この表は、①被相続人から相続、遺贈や相続時精算課税に係る贈与によって財産を取得した人のうちに農業相続人がいない場合又は②配偶者が農業相続人である場合に記入します。

課税価格の合計額のうち配偶者の法定相続分相当額

（第1表のⓐの金額）［配偶者の法定相続分］
225,288,000円 × 1/2 ＝ 112,644,000円

上記の金額が16,000万円に満たない場合には、16,000万円

㋑※ 160,000,000 円

配偶者の税額軽減額を計算する場合の課税価格	① 分割財産の価額（第11表の配偶者の①の金額）	② 債務及び葬式費用の金額（第1表の配偶者の③の金額）	③ 未分割財産の価額（第11表の配偶者の②の金額）	④ (②−③) の金額（③の金額が②の金額より大きいときは0）	⑤ 純資産価額に加算される暦年課税分の贈与財産価額（第1表の配偶者の⑤の金額）	⑥ (①−④+⑤) の金額（⑤の金額より小さいときは⑤の金額）(1,000円未満切捨て)
	158,248,456 円	3,211,000 円	円	円	※ 円	155,037 ,000 円

⑦ 相続税の総額（第1表の⑦の金額）	⑧ ㋑の金額と⑥の金額のうちいずれか少ない方の金額	⑨ 課税価格の合計額（第1表のⓐの金額）	⑩ 配偶者の税額軽減の基となる金額（⑦×⑧÷⑨）
25,322,0 00 円	155,037,000 円	225,288,000 円	17,425,903 円

配偶者の税額軽減の限度額
（第1表の配偶者の⑨又は⑩の金額）（第1表の配偶者の⑫の金額）
(17,472,180 円 − 円) ⑪ 17,472,180 円

配偶者の税額軽減額
（⑩の金額と⑪の金額のうちいずれか少ない方の金額）
㋺ 17,425,903 円

（注）㋺の金額を第1表の配偶者の「配偶者の税額軽減額⑬」欄に転記します。

2 配偶者以外の人が農業相続人である場合

この表は、被相続人から相続、遺贈や相続時精算課税に係る贈与によって財産を取得した人のうちに農業相続人がいる場合で、かつ、その農業相続人が配偶者以外の場合に記入します。

課税価格の合計額のうち配偶者の法定相続分相当額

（第3表のⓐの金額）［配偶者の法定相続分］
　　　　　,000円 × 　　／　　 ＝ 　　　　　円

上記の金額が16,000万円に満たない場合には、16,000万円

㋩※ 円

配偶者の税額軽減額を計算する場合の課税価格	⑪ 分割財産の価額（第11表の配偶者の①の金額）	⑫ 債務及び葬式費用の金額（第1表の配偶者の③の金額）	⑬ 未分割財産の価額（第11表の配偶者の②の金額）	⑭ (⑫−⑬) の金額（⑬の金額が⑫の金額より大きいときは0）	⑮ 純資産価額に加算される暦年課税分の贈与財産価額（第1表の配偶者の⑤の金額）	⑯ (⑪−⑭+⑮) の金額（⑮の金額より小さいときは⑮の金額）(1,000円未満切捨て)
	円	円	円	円	※ 円	,000 円

⑰ 相続税の総額（第3表の⑦の金額）	⑱ ㋩の金額と⑯の金額のうちいずれか少ない方の金額	⑲ 課税価格の合計額（第3表のⓐの金額）	⑳ 配偶者の税額軽減の基となる金額（⑰×⑱÷⑲）
00 円	円	,000 円	円

配偶者の税額軽減の限度額
（第1表の配偶者の⑩の金額）（第1表の配偶者の⑫の金額）
(　　　円 − 　　　円)

配偶者の税額軽減額
（⑳の金額と㉑の金額のうちいずれか少ない方の金額）
㋥ 円

（注）㋥の金額を第1表の配偶者の「配偶者の税額軽減額⑬」欄に転記します。

※ 相続税法第19条の2第5項（隠蔽又は仮装があった場合の配偶者の相続税額の軽減の不適用））の規定の適用があるときには、「課税価格の合計額のうち配偶者の法定相続分相当額」の（第1表のⓐの金額）、⑥、⑦、⑨、「課税価格の合計額のうち配偶者の法定相続分相当額」（第3表のⓐの金額）、⑯、⑰及び⑲の各欄は、第5表の付表で計算した金額を転記します。

第5表（平25.7）　　　　　　　　　　　　　　　　　　　　　　　　　　　　（資4−20−6−1−A4統一）

生命保険金などの明細書

被相続人　山本 長五郎

第9表（平成21年4月分以降用）

1 相続や遺贈によって取得したものとみなされる保険金など

この表は、相続人やその他の人が被相続人から相続や遺贈によって取得したものとみなされる生命保険金、損害保険契約の死亡保険金及び特定の生命共済金などを受け取った場合に、その受取金額などを記入します。

保険会社等の所在地	保険会社等の名称	受取年月日	受取金額	受取人の氏名
△△市××町〇-〇	〇〇生命保険(株)	26.12.11	50,000,000円	山本 香子
××市〇〇町△-△	〇〇損害保険(株)	26.12.15	10,000,000	山本 一郎
〇〇市△△町×-×	〇〇損害保険(株)	26.12.28	20,000,000	山本 次郎

(注) 1 相続人（相続の放棄をした人を除きます。以下同じです。）が受け取った保険金などのうち一定の金額は非課税となりますので、その人は、次の2の該当欄に非課税となる金額と課税される金額とを記入します。
　　 2 相続人以外の人が受け取った保険金などについては、非課税となる金額はありませんので、その人は、その受け取った金額そのままを第11表の「財産の明細」の「価額」の欄に転記します。
　　 3 相続時精算課税適用財産は含まれません。

2 課税される金額の計算

この表は、被相続人の死亡によって相続人が生命保険金などを受け取った場合に、記入します。

保険金の非課税限度額	（500万円× 3 人　[第2表の🅐の法定相続人の数] により計算した金額を右の🅐に記入します。）	🅐 15,000,000 円

保険金などを受け取った相続人の氏名	① 受け取った保険金などの金額	② 非課税金額 ($🅐 × \frac{各人の①}{🅑}$)	③ 課税金額 (①-②)
山本 香子	50,000,000円	9,375,000円	40,625,000円
山本 一郎	10,000,000	1,875,000	8,125,000
山本 次郎	20,000,000	3,750,000	16,250,000
合　計	🅑 80,000,000	15,000,000	65,000,000

(注) 1 🅑の金額が🅐の金額より少ないときは、各相続人の①欄の金額がそのまま②欄の非課税金額となりますので、③欄の課税金額は0となります。
　　 2 ③欄の金額を第11表の「財産の明細」の「価額」欄に転記します。

第5章 相続税申告書の作成方法

退職手当金などの明細書

被相続人　山本 長五郎

第10表（平成21年4月分以降用）

1 相続や遺贈によって取得したものとみなされる退職手当金など

この表は、相続人やその他の人が被相続人から相続や遺贈によって取得したものとみなされる退職手当金、功労金、退職給付金などを受け取った場合に、その受取金額などを記入します。

勤務先会社等の所在地	勤務先会社等の名称	受取年月日	退職手当金などの名称	受取金額	受取人の氏名
○○市××町△-△	○○薬品(株)	26.12.5	退職金	30,000,000円	山本 香子
		． ．			
		． ．			
		． ．			
		． ．			

(注) 1 相続人（相続の放棄をした人を除きます。以下同じです。）が受け取った退職手当金などのうち一定の金額は非課税となりますので、その人は、次の2の該当欄に非課税となる金額と課税される金額とを記入します。
　　 2 相続人以外の人が受け取った退職手当金などについては、非課税となる金額はありませんので、その人は、その受け取った金額そのままを第11表の「財産の明細」の「価額」の欄に転記します。

2 課税される金額の計算

この表は、被相続人の死亡によって相続人が退職手当金などを受け取った場合に、記入します。

退職手当金などの非課税限度額　（500万円 × [第2表の④の法定相続人の数] 3 人）により計算した金額を右の④に記入します。

④　15,000,000 円

退職手当金などを受け取った相続人の氏名	① 受け取った退職手当金などの金額	② 非課税金額 $\left(Ⓐ × \dfrac{各人の①}{Ⓑ}\right)$	③ 課税金額 (①-②)
山本 香子	30,000,000円	15,000,000円	15,000,000円
合　計	Ⓑ 30,000,000	15,000,000	15,000,000

(注) 1 Ⓑの金額がⒶの金額より少ないときは、各相続人の①欄の金額がそのまま②欄の非課税金額となりますので、③欄の課税金額は0となります。
　　 2 ③欄の金額を第11表の「財産の明細」の「価額」欄に転記します。

相続税がかかる財産の明細書
（相続時精算課税適用財産を除きます。）

被相続人　山本　長五郎

第11表（平成21年4月分以降用）

○相続時精算課税適用財産の明細については、この表によらず第11の2表に記載します。

遺産の分割状況	区　分	1　全部分割	2　一部分割	3　全部未分割
	分割の日	26・10・10	・　・	

財産の明細							分割が確定した財産	
種類	細目	利用区分、銘柄等	所在場所等	数量 固定資産税評価額	単価 倍数	価額	取得した人の氏名	取得財産の価額
土地	宅地	自用地（居住用）	埼玉県所沢市榎町	230.00㎡	円（11・11の2表の付表1 2のとおり）	9,200,000	山本次郎	(持分1/1) 9,200,000
〃	〃	自用地	埼玉県所沢市榎町	155.25㎡		31,000,000	山本一郎	31,000,000
		〈小計〉				(40,200,000)		
	《計》					((40,200,000))		
家屋構築物	家屋	自用家屋	埼玉県所沢市榎町	144.52㎡ 5,260,000	1.0	5,260,000	山本次郎	5,260,000
〃	〃	自用家屋	埼玉県所沢市榎町	104.77㎡ 4,390,000	1.0	4,390,000	山本一郎	4,390,000
	《計》					((9,650,000))		
有価証券	その他の株式		△△証券所沢支店	50,000株	400	20,000,000	山本香子	20,000,000
〃	〃		△△証券所沢支店	30,000株	570	17,100,000	山本香子	17,100,000
〃	〃		△△証券所沢支店	4,000株	1,500	6,000,000	山本香子	6,000,000
〃	〃		△△証券所沢支店	2,000株	4,000	8,000,000	山本香子	8,000,000
		〈小計〉				(51,100,000)		
〃	貸付信託		△△信託銀行○○支店			25,000,000	山本香子	25,000,000
		〈小計〉				(25,000,000)		
	《計》					((76,100,000))		
現金預金等	現金	現金				400,000	山本香子	400,000
〃	預貯金	普通預金				123,456	山本香子	123,456
〃	〃	定期預金				26,000,000	山本香子	26,000,000
〃	〃	定期預金				4,000,000	山本一郎	4,000,000
〃	〃	通常貯金				1,246,645	山本一郎	1,246,645

合計表	財産を取得した人の氏名	（各人の合計）	山本香子	山本一郎	山本次郎			
	分割財産の価額 ①	239,020,101 円	158,248,456	48,761,645	32,010,000	円	円	円
	未分割財産の価額 ②							
	各人の取得財産の価額（①+②）③	239,020,101	158,248,456	48,761,645	32,010,000			

（注）1　「合計表」の各人の③欄の金額を第1表のその人の「取得財産の価額①」欄に転記します。
2　「財産の明細」の「価額」欄は、財産の細目、種類ごとに小計及び計を付し、最後に合計を付して、それらの金額を第15表の①から㉘までの該当欄に転記します。

第5章 相続税申告書の作成方法

相続税がかかる財産の明細書
（相続時精算課税適用財産を除きます。）

第11表（平成21年4月分以降用）

被相続人　山本 長五郎

○相続時精算課税適用財産の明細については、この表によらず第11の2表に記載します。

この表は、相続や遺贈によって取得した財産及び相続や遺贈によって取得したものとみなされる財産のうち、相続税のかかるものについての明細を記入します。

遺産の分割状況　区分　1 全部分割　2 一部分割　3 全部未分割
分割の日　26・10・10

財産の明細							分割が確定した財産	
種類	細目	利用区分、銘柄等	所在場所等	数量 固定資産税評価額	単価 倍数	価額	取得した人の氏名	取得財産の価額
現金預貯金等	預貯金	定期預金		円	円	1,000,000 円	山本 次郎	1,000,000 円
《計》						(32,770,101)		
家庭用財産		家具等一式				300,000	山本 次郎	300,000
《計》						(300,000)		
その他の財産	生命保険金等					40,625,000	山本 香子	40,625,000
〃	〃					8,125,000	山本 一郎	8,125,000
〃	〃					16,250,000	山本 次郎	16,250,000
	〈小計〉					(65,000,000)		
〃	退職手当金等					15,000,000	山本 香子	15,000,000
	〈小計〉					(15,000,000)		
《計》						(80,000,000)		
《合計》						(239,020,101)		

合計表	財産を取得した人の氏名	(各人の合計)				
	分割財産の価額　①	円	円	円	円	円
	未分割財産の価額　②					
	各人の取得財産の価額（①+②）③					

(注) 1　「合計表」の各人の③欄の金額を第1表のその人の「取得財産の価額①」欄に転記します。
　　 2　「財産の明細」の「価額」欄は、財産の細目、種類ごとに小計及び計を付し、最後に合計を付して、それらの金額を第15表の①から㉘までの該当欄に転記します。

第11表(平25.7)　　　　　　　　　　　　　　　　　　　　　　　　　　（資4-20-12-1-A4統一）

小規模宅地等、特定計画山林又は特定事業用資産についての課税価格の計算明細書

被相続人：山本長五郎

この表及び第11・11の2表の付表2の1から付表4までについては、相続、遺贈又は相続時精算課税に係る贈与によって財産を取得した人が、「小規模宅地等の特例」、「特定計画山林の特例」又は「特定事業用資産の特例」の適用を受ける場合に記入します（裏面参照）。

1 特例の適用にあたっての同意

（注）「小規模宅地等の特例」、「特定計画山林の特例」又は「特定事業用資産の特例」の対象となり得る財産を取得した全ての人の同意が必要です。

私（私たち）は下記の「2 特例の適用を受ける財産の明細」の(1)から(3)までの明細において選択した財産の全てが、租税特別措置法第69条の4第1項に規定する小規模宅地等、同法第69条の5第1項に規定する選択特定計画山林又は旧租税特別措置法第69条の5第1項に規定する選択特定事業用資産に該当することを確認の上、その財産の取得者が租税特別措置法第69条の4第1項、同法第69条の5第1項又は旧租税特別措置法第69条の5第1項に規定する特例の適用を受けることに同意します。

特例の対象となり得る財産を取得した全ての人の氏名：山本香子、山本一郎、山本次郎

2 特例の適用を受ける財産の明細

（注）特例の適用を受ける財産の明細の番号を○で囲んでください。

(1) 小規模宅地等の明細 ←○
　第11・11の2表の付表2の1の「1 小規模宅地等の明細」のとおり。
(2) 特定受贈同族会社株式等である選択特定事業用資産の明細
　第11・11の2表の付表3のとおり。
(3) 特定（受贈）森林経営計画対象山林である選択特定計画山林の明細
　第11・11の2表の付表4の「1 特定森林経営計画対象山林である選択特定計画山林の明細」又は「2 特定受贈森林経営計画対象山林である選択特定計画山林の明細」のとおり。

3 特定計画山林の特例の対象となる特定計画山林等の調整限度額の計算

この欄は、「小規模宅地等の特例」、「特定計画山林の特例」又は「特定事業用資産の特例」について2以上の特例を適用する場合に記入します。

(1) 小規模宅地等の特例の適用を受ける面積

	① 限度面積	特例の適用を受ける面積（第11・11の2表の付表2の1の「2 限度面積要件の判定」の「[合計]」欄の面積） ②	特例適用残面積 (①−②)
	400㎡	㎡	㎡

(2) 特定事業用資産の特例の対象となる特定受贈同族会社株式等の調整限度額等の計算

④ 特定事業用資産の特例の対象として選択することのできる特定受贈同族会社株式等に係る各法人の株式（出資）の時価総額の等に相当する金額の合計額 ※ 10億円を超える場合は10億円となります。	特例の対象となる特定受贈同族会社株式等の調整限度額 (④×③/①)	⑤のうち特例の適用を受ける価額（第11・11の2表の付表3の特定受贈同族会社株式等である選択特定事業用資産の価額の合計額（⑧の金額））	⑦ 特例適用残額 (⑤−⑥)
円	円	円	円

(注) 1 ③欄が0となる場合には、特定受贈同族会社株式等について特定事業用資産の特例の適用を受けることはできません。
　　 2 小規模宅地等の特例の適用がない場合には、⑤欄は④欄の金額を転記します。
　　 3 被相続人が生前に特定受贈同族会社株式等の贈与をしている場合の④欄の金額については、税務署にお尋ねください。

(3) 特定計画山林の特例の対象となる特定（受贈）森林経営計画対象山林の調整限度額等の計算

⑧ 特定計画山林の特例の対象として選択することのできる特定（受贈）森林経営計画対象山林である立木又は土地等の価額の合計額	特例の対象となる特定（受贈）森林経営計画対象山林の調整限度額 (⑧×③/①) 又は (⑧×⑦/④)	⑩ のうち特例の適用を受ける価額（第11・11の2表の付表4の「3 特定（受贈）森林経営計画対象山林である選択特定計画山林の価額の合計額」の「A＋B」欄の金額）	
円	円	円	

(注) 1 ③欄が0となる場合又は⑦が0となる場合には、特定（受贈）森林経営計画対象山林について特定計画山林の特例の適用を受けることはできません。
　　 2 小規模宅地等の特例を適用し、特定受贈同族会社株式等について特定事業用資産の特例を適用しない場合において、③欄に特例適用残面積が生じたときの⑨欄は、「(⑧×③/①)」により計算します。
　　 3 特定受贈同族会社株式等について特定事業用資産の特例を適用した場合（併せて小規模宅地等の特例を適用する場合を含みます。）において、⑦欄に特例適用残額が生じたときの⑨欄は、「(⑧×⑦/④)」により計算します。

第11・11の2表の付表1（平25.7）

第5章　相続税申告書の作成方法

小規模宅地等についての課税価格の計算明細（その１）

FD3543

被相続人　山本　長五郎

1　小規模宅地等の明細

この欄は、特例の対象として小規模宅地等を選択する場合に記入します。

宅地等の番号	項目	内容
	① 特例の適用を受ける取得者の氏名	⑤ ③のうち特例の対象として選択した宅地等の面積
	② 所在地番	⑥ 課税価格の計算に当たって減額される金額
	③ 取得者の持分に応ずる面積	⑦ 宅地等について課税価格に算入する価額（④－⑥）
	④ 取得者の持分に応ずる宅地等の価額	

選択した小規模宅地等

番号	①	②	③	④	⑤	⑥	⑦
1	山本　次郎	埼玉県所沢市榎町	230.00 ㎡	46,000,000 円	230 ㎡	36,800,000 円	9,200,000 円

(注) 1　次のいずれかに該当する場合には、第11・11の２表の付表２の３を作成してください。
　(1)　相続又は遺贈により一の宅地等を２人以上の相続人又は受遺者が取得している場合
　(2)　一の宅地等の全部又は一部が、貸家建付地である場合において、貸家建付地の評価額の計算上「賃貸割合」が「１」でない場合
　(注)　一の宅地等とは、一棟の建物又は構築物の敷地をいいます。ただし、マンションなどの区分所有建物の場合には、区分所有された建物の部分に係る敷地をいいます。
2　「⑥　課税価格の計算に当たって減額される金額」欄の金額の計算は、第11・11の２表の付表２の２によります。
3　⑦欄の金額を第11表の「財産の明細」の「価額」欄に転記します。
4　上記に記入しきれないときは、この用紙を複数枚使用し記入します。

2　限度面積要件の判定

上記「1　小規模宅地等の明細」の「⑤　③のうち特例の対象として選択した宅地等の面積」欄で選択した宅地等の全てが限度面積要件を満たすものであることを、次の算式の「[第11・11の２表の付表２の２の⑭、⑮の面積の合計]」、「[第11・11の２表の付表２の２の⑰の面積の合計]」、「[第11・11の２表の付表２の２の⑯の面積の合計]」及び「[合計]」の各欄を記入することにより判定します。

第11・11の２表の付表２の２の⑭、⑮の面積の合計	第11・11の２表の付表２の２の⑰の面積の合計	第11・11の２表の付表２の２の⑯の面積の合計	合計
㎡ ＋	230.00 ㎡ × 5/3 ＋	㎡ × 2 ＝	383.33 ㎡ ≦400㎡

※　第11・11の２表の付表２の２へ続きます。

第11・11の２表の付表２の１（平25.7）

第11・11の２表の付表２の１（平成22年４月分以降用）

○この申告書は機械で読み取りますので、黒ボールペンで記入してください。

※上記の項目は記入する必要がありません。

小規模宅地等についての課税価格の計算明細（その２）

FD3544

被相続人　山本　長五郎

3　「⑥課税価格の計算に当たって減額される金額」の計算

第11・11の2表の付表2の1の「1 小規模宅地等の明細」で選択した小規模宅地等（同表の2の限度面積要件を満たすものに限ります。）についての「⑥課税価格の計算に当たって減額される金額」欄の金額は、次により計算します。

→ 第11・11の2表の付表2の1の「1 小規模宅地等の明細」の「宅地等の番号」欄の番号に合わせて記入します。

区分	小規模宅地等の種類	宅地等の番号	⑧特例の適用を受ける取得者の氏名 ⑨その宅地等における相続開始の直前の事業	⑩割合	⑪小規模宅地等の面積 ⑫小規模宅地等の価額（④×⑪/③） ⑬小規模宅地等について減額される金額(⑫×⑩)	
被相続人等の事業用宅地等	⑭特定事業用宅地等		⑧ ⑨	80/100	⑪ ⑫ ⑬	㎡ 円 円
			⑧ ⑨	80/100	⑪ ⑫ ⑬	㎡ 円 円
	⑮特定同族会社事業用宅地等		⑧ ⑨	80/100	⑪ ⑫ ⑬	㎡ 円 円
			⑧ ⑨	80/100	⑪ ⑫ ⑬	㎡ 円 円
	⑯貸付事業用宅地等		⑧ ⑨	50/100	⑪ ⑫ ⑬	㎡ 円 円
			⑧ ⑨	50/100	⑪ ⑫ ⑬	㎡ 円 円
被相続人等の居住用宅地等	⑰特定居住用宅地等	1	⑧山本　次郎	80/100	⑪ 230 ⑫ 46,000,000 ⑬ 36,800,000	㎡ 円 円
			⑧	80/100	⑪ ⑫ ⑬	㎡ 円 円

(注) 1　⑨欄には、その宅地等の上で行われていた事業について、書籍・雑誌小売、鮮魚小売、貸家のように具体的に記入します。
2　⑪欄には、それぞれの宅地等の番号に応ずる第11・11の2表の付表2の1の「1 小規模宅地等の明細」に記入した宅地等の「⑤ ③のうち特例の対象として選択した宅地等の面積」を記入します。
3　⑬欄の金額を第11・11の2表の付表2の1の宅地等の番号に応ずる⑥欄へ転記します。
4　上記に記入しきれないときは、この用紙を複数枚使用し記入します。

○この申告書は機械で読み取りますので、黒ボールペンで記入してください。

※の項目は記入する必要がありません。

第11・11の2表の付表2の2（平成22年4月分以降用）

※税務署整理欄　年分□□　名簿番号□□□□□　申告年月日□□□□□□　一連番号□□　グループ番号□□

第11・11の2表の付表2の2（平25.7）　(資4-20-12-4-2-A4統一)

第5章 相続税申告書の作成方法

小規模宅地等についての課税価格の計算明細（その3）

被相続人　山本 長五郎

第11・11の2表の付表2の3（平成22年4月分以降用）

この計算明細は、特例の対象として小規模宅地等を選択する一の宅地等（注）が、次のいずれかに該当する場合に一の宅地等ごとに作成します。
1. 相続又は遺贈により一の宅地等を2人以上の相続人又は受遺者が取得している場合
2. 一の宅地等の全部又は一部が、貸家建付地である場合において、貸家建付地の評価額の計算上「賃貸割合」が「1」でない場合

（注）一の宅地等とは、一棟の建物又は構築物の敷地をいいます。ただし、マンションなどの区分所有建物の場合には、区分所有された建物の部分に係る敷地をいいます。

1 一の宅地等の所在地、面積及び評価額

一の宅地等について、宅地等の「所在地」、「面積」及び相続開始の直前における宅地等の利用区分に応じて「面積」及び「評価額」を記入します。
(1)「①宅地等の面積」は、一の宅地等が共有である場合には、持分に応ずる面積を記入してください。
(2) 上記2に該当する場合には、⑪欄については、⑤欄の面積を基に自用地として評価した金額を記入してください。

宅地等の所在地		①宅地等の面積	230.00 ㎡
	相続開始の直前における宅地等の利用区分	面積（㎡）	評価額（円）
A	①のうち被相続人等の事業の用に供されていた宅地等（B、C及びDに該当するものを除きます。）	②	⑧
B	①のうち特定同族会社の事業（貸付事業を除きます。）の用に供されていた宅地等	③	⑨
C	①のうち被相続人等の貸付事業の用に供されていた宅地等（相続開始の時において継続的に貸付事業の用に供されていると認められる部分の敷地）	④	⑩
D	①のうち被相続人等の貸付事業の用に供されていた宅地等（Cに該当する部分以外の部分の敷地）	⑤	⑪
E	①のうち被相続人等の居住の用に供されていた宅地等	⑥ 230.00	⑫ 46,000,000
F	①のうちAからEの宅地等に該当しない宅地等	⑦	⑬

2 一の宅地等の取得者ごとの面積及び評価額

上記のAからFまでの宅地等の「面積」及び「評価額」を、宅地等の取得者ごとに記入します。
(1)「持分割合」欄は、宅地等の取得者が相続又は遺贈により取得した持分割合を記入します。一の宅地等を1人で取得した場合には、「1/1」と記入します。
(2)「1 持分に応じた宅地等」は、上記のAからFまでに記入した宅地等の「面積」及び「評価額」を「持分割合」を用いてあん分して計算した「面積」及び「評価額」を記入します。
(3)「2 左記の宅地等のうち選択特例対象宅地等」は、「1 持分に応じた宅地等」に記入した宅地等のうち、特例の対象として選択する部分を記入します。なおBの宅地等の場合は、上段に「特定同族会社事業用宅地等」として選択する部分の、下段に「貸付事業用宅地等」として選択する部分の「面積」及び「評価額」をそれぞれ記入します。
「2 左記の宅地等のうち選択特例対象宅地等」に記入した宅地等の「面積」及び「評価額」は、「申告書第11・11の2表の付表2の1」の「1 小規模宅地等の明細」の③取得者の持分に応ずる宅地等の価額」欄から転記します。
(4)「3 特例の対象とならない宅地等（1－2）」には、「1 持分に応じた宅地等」のうち「2 左記の宅地等のうち選択特例対象宅地等」欄に記入した以外の宅地等について記入した「面積」及び「評価額」を、申告書第11表に転記します。

宅地等の取得者氏名	山本 次郎		⑭持分割合	1/1		
	1 持分に応じた宅地等		2 左記の宅地等のうち選択特例対象宅地等		3 特例の対象とならない宅地等（1－2）	
	面積（㎡）	評価額（円）	面積（㎡）	評価額（円）	面積（㎡）	評価額（円）
A	②×⑭	⑧×⑭				
B	③×⑭	⑨×⑭				
C	④×⑭	⑩×⑭				
D	⑤×⑭	⑪×⑭				
E	⑥×⑭ 230.00	⑫×⑭ 46,000,000	230.00	46,000,000		
F	⑦×⑭	⑬×⑭				

宅地等の取得者氏名			⑮持分割合			
	1 持分に応じた宅地等		2 左記の宅地等のうち選択特例対象宅地等		3 特例の対象とならない宅地等（1－2）	
	面積（㎡）	評価額（円）	面積（㎡）	評価額（円）	面積（㎡）	評価額（円）
A	②×⑮	⑧×⑮				
B	③×⑮	⑨×⑮				
C	④×⑮	⑩×⑮				
D	⑤×⑮	⑪×⑮				
E	⑥×⑮	⑫×⑮				
F	⑦×⑮	⑬×⑮				

第11・11の2表の付表2の3（平25.7）

（資4-20-12-4-5-A4統一）

債務及び葬式費用の明細書

被相続人　山本　長五郎

第13表（平成21年4月分以降用）

1　債務の明細
(この表は、被相続人の債務について、その明細と負担する人の氏名及び金額を記入します。)

債務の明細					負担することが確定した債務	
種類	細目	債権者 氏名又は名称	住所又は所在地	発生年月日 弁済期限	金額	負担する人 の氏名	負担する 金額
公租公課	26年度分 固定資産税	所沢市役所	○○市△△ X-X-X	26・1・1	220,000 円	山本　一郎	220,000 円
公租公課	26年度分 住民税	所沢市役所	○○市△△ X-X-X	26・1・1	300,000	山本　一郎	300,000
銀行 借入金	証書 借入れ	○○銀行○○支店	○○市××町△-△-△	26・5・10 27・5・10	10,000,000	山本　一郎	10,000,000
合計					10,520,000		

2　葬式費用の明細
(この表は、被相続人の葬式に要した費用について、その明細と負担する人の氏名及び金額を記入します。)

葬式費用の明細				負担することが確定した葬式費用	
支払先 氏名又は名称	住所又は所在地	支払年月日	金額	負担する人 の氏名	負担する 金額
○×寺	○○市△△町 X-X	26・10・13	1,200,000 円	山本　香子	1,200,000 円
○○葬儀社	○○市△△町 △-△	26・10・14	1,700,000	山本　香子	1,700,000
○○葬斎場	○○市△△町 ○-X	26・10・14	145,000	山本　香子	145,000
○○酒店	○○市△△町 X-△	26・10・14	52,000	山本　香子	52,000
○○商店	○○市△△町 ○-△	26・10・14	50,000	山本　香子	50,000
その他	(別紙のとおり)	・・	64,000	山本　香子	64,000
合計			3,211,000		

3　債務及び葬式費用の合計額

債務などを承継した人の氏名		(各人の合計)	山本　香子	山本　一郎		
債務	負担することが確定した債務 ①	10,520,000 円		10,520,000 円	円	円
	負担することが確定していない債務 ②					
	計（①+②） ③	10,520,000		10,520,000		
葬式費用	負担することが確定した葬式費用 ④	3,211,000	3,211,000			
	負担することが確定していない葬式費用 ⑤					
	計（④+⑤） ⑥	3,211,000	3,211,000			
合計	（③+⑥） ⑦	13,731,000	3,211,000	10,520,000		

(注)　1　各人の⑦欄の金額を第1表のその人の「債務及び葬式費用の金額③」欄に転記します。
　　　2　③、⑥及び⑦欄の金額を第15表の㉝、㉞及び㉟欄にそれぞれ転記します。

第13表(平25.7)　　　　　　　　　　　　　　　　　　　　　　　(資4-20-14-A4統一)

第5章　相続税申告書の作成方法

相続財産の種類別価額表

（この表は、第11表から第14表までの記載に基づいて記入します。）

FD3535

被相続人　山本長五郎　山本杏子

第15表（平成26年分以降用）

種類	細目	番号	各人の合計	被相続人
	整理番号			
土地（土地の上に存する権利を含みます。）	田	①		
	畑	②		
	宅地	③	40,200,000	
	山林	④		
	その他の土地	⑤		
	計	⑥	40,200,000	
	⑥のうち特例農地等	通常価額	⑦		
		農業投資価格による価額	⑧		
家屋、構築物		⑨	9,650,000	
事業（農業）用財産	機械、器具、農耕具、その他の減価償却資産	⑩		
	商品、製品、半製品、原材料、農産物等	⑪		
	売掛金	⑫		
	その他の財産	⑬		
	計	⑭		
有価証券	特定同族会社の株式及び出資	配当還元方式によったもの	⑮		
		その他の方式によったもの	⑯		
	⑮及び⑯以外の株式及び出資	⑰	51,100,000	51,100,000
	公債及び社債	⑱		
	証券投資信託、貸付信託の受益証券	⑲	25,000,000	25,000,000
	計	⑳	76,100,000	76,100,000
現金、預貯金等		㉑	32,770,101	26,523,456
家庭用財産		㉒	300,000	
その他の財産	生命保険金等	㉓	65,000,000	40,625,000
	退職手当金等	㉔	15,000,000	15,000,000
	立木	㉕		
	その他	㉖		
	計	㉗	80,000,000	55,625,000
合計（⑥＋⑨＋⑭＋⑳＋㉑＋㉒＋㉗）		㉘	239,020,101	158,248,456
相続時精算課税適用財産の価額		㉙		
不動産等の価額（⑥＋⑨＋⑩＋⑮＋㉕）		㉚	49,850,000	
⑰のうち株式等納税猶予対象の株式等の価額の80％の額		㉛		
㉗のうち株式等納税猶予対象の株式等の価額の80％の額		㉜		
債務	債務	㉝	10,520,000	
	葬式費用	㉞	3,211,000	3,211,000
	合計（㉝＋㉞）	㉟	13,731,000	3,211,000
差引純資産価額（㉘＋㉙－㉟）（赤字のときは0）		㊱	225,289,101	155,037,456
純資産価額に加算される暦年課税分の贈与財産価額		㊲		
課税価格（㊱＋㊲）（1,000円未満切捨て）		㊳	225,289,000	155,037,000

相続財産の種類別価額表（続）

(この表は、第11表から第14表までの記載に基づいて記入します。)

FD3536

第15表（続）（平成26年分以降用）

○この申告書は機械で読み取りますので、黒ボールペンで記入してください。

（単位は円）

種類	細目	番号	氏名 山本一郎（被相続人 山本長五郎）	氏名 山本次郎
※	整理番号			
土地（土地の上に存する権利を含みます）	田	①		
	畑	②		
	宅地	③	31,000,000	9,200,000
	山林	④		
	その他の土地	⑤		
	計	⑥	31,000,000	9,200,000
	⑥のうち特例農地等 通常価額	⑦		
	農業投資価格による価額	⑧		
家屋、構築物		⑨	4,390,000	5,260,000
事業（農業）用財産	機械、器具、農耕具、その他の減価償却資産	⑩		
	商品、製品、半製品、原材料、農産物等	⑪		
	売掛金	⑫		
	その他の財産	⑬		
	計	⑭		
有価証券	特定同族会社の株式及び出資 配当還元方式によったもの	⑮		
	その他の方式によったもの	⑯		
	⑮及び⑯以外の株式及び出資	⑰		
	公債及び社債	⑱		
	証券投資信託、貸付信託の受益証券	⑲		
	計	⑳		
現金、預貯金等		㉑	5,246,645	1,000,000
家庭用財産		㉒		300,000
その他の財産	生命保険金等	㉓	8,125,000	16,250,000
	退職手当金等	㉔		
	立木	㉕		
	その他	㉖		
	計	㉗	8,125,000	16,250,000
合計（⑥+⑨+⑭+⑳+㉑+㉒+㉗）		㉘	48,761,645	32,010,000
相続時精算課税適用財産の価額		㉙		
不動産等の価額（⑥+⑨+⑭+⑮+⑯+㉕）		㉚	35,390,000	14,460,000
⑯のうち株式等納税猶予対象の株式等の価額の80%の額		㉛		
⑰のうち株式等納税猶予対象の株式等の価額の80%の額		㉜		
債務等	債務	㉝	10,520,000	
	葬式費用	㉞		
	合計（㉝+㉞）	㉟	10,520,000	
差引純資産価額（㉘+㉙-㉟）（赤字のときは0）		㊱	38,241,645	32,010,000
純資産価額に加算される暦年課税分の贈与財産価額		㊲		
課税価格（㊱+㊲）（1,000円未満切捨て）		㊳	38,241,000	32,010,000

※の項目は記入する必要がありません。

※税務署整理欄　申告区分　年分　名簿番号　申告年月日　グループ番号

第15表（続）（平26.7）　　　　　　　　　　　　　　　　（資4-20-16-2-A4続一）

第5章 相続税申告書の作成方法

土地及び土地の上に存する権利の評価明細書（第1表）

関東信越局（所）所沢 署
26 年分 ○○ ページ
（平成十六年分以降用）

（住居表示）（所沢市榎町○○）	所有者 住所（所在地） 所沢市榎町○○	使用者 住所（所在地） 所沢市榎町○○
所在地番 所沢市榎町○○××	氏名（法人名） 山本長五郎	氏名（法人名） 山本長五郎

地目	地積	路線価	地形図及び参考事項
㊀宅地・田・畑・山林・原野・雑種地 [ ]	230 ㎡	正面 200,000 円　側方 円　側方 円　裏面 円	11.5m ／ 20m ／ 道路
間口距離 20 m	利用区分	㊀自用地・貸家建付借地権・貸宅地・貸家建付転借地権・貸家建付地・転貸借地権・借地権・借家人の有する権利・私道	地区区分	ビル街地区・高度商業地区・繁華街地区・㊀普通住宅地区・中小工場地区・大工場地区・普通商業・併用住宅地区
奥行距離 11.5 m			

自用地1平方メートル当たりの価額

		計算	1㎡当たりの価額 円	
	1 一路線に面する宅地 （正面路線価） （奥行価格補正率） 200,000 円 × 1.00		200,000	A
	2 二路線に面する宅地 (A) ［側方 路線価］ ［奥行価格 ［側方 路線影響加算率 ［裏面 補正率］ ［二方 円 ＋ 円 × . × 0.		円	B
	3 三路線に面する宅地 (B) ［側方 路線価］ ［奥行価格 ［側方 路線影響加算率 ［裏面 補正率］ ［二方 円 ＋ 円 × . × 0.		円	C
	4 四路線に面する宅地 (C) ［側方 路線価］ ［奥行価格 ［側方 路線影響加算率 ［裏面 補正率］ ［二方 円 ＋ 円 × . × 0.		円	D
	5-1 間口が狭小な宅地等 （AからDまでのうち該当するもの） ［間口狭小 ［奥行長大 補正率］ 補正率］ 円 × . × .		円	E
	5-2 不整形地 （AからDまでのうち該当するもの） 不整形地補正率※ 円 × . ※不整形地補正率の計算 （想定整形地の間口距離）（想定整形地の奥行距離）（想定整形地の地積） m × m = ㎡ （想定整形地の地積）（不整形地の地積）（想定整形地の地積）（かげ地割合） (㎡ ー ㎡) ÷ ㎡ = % （不整形地補正率表の補正率）（間口狭小補正率）［小数点以下2 位未満切捨て］［不整形地補正率（①、②のいずれか低い率、0.6を限度とする。）］ . × . = ① . （奥行長大補正率）（間口狭小補正率） . × . = ② .		円	F
	6 無道路地 (F) 円 × （ 1 ー 0. ） ※ ※割合の計算（0.4を限度とする。） （正面路線価）（通路部分の地積）（F）（評価対象地の地積） (円 × ㎡) ÷ (円 × ㎡) = 0.		円	G
	7 がけ地等を有する宅地 （AからGまでのうち該当するもの） ［南、東、西、北 ］ （がけ地補正率） 円 × .		円	H
	8 容積率の異なる2以上の地域にわたる宅地 （AからHまでのうち該当するもの）（控除割合 小数点以下3位未満四捨五入） 円 × （ 1 ー 0. ）		円	I
	9 私道 （AからIまでのうち該当するもの） 円 × 0.3		円	J

| 自用地の評価額 | 自用地1平方メートル当たりの価額 （AからJまでのうちの該当記号） (A) 200,000 円 | 地積 230 ㎡ | 総額 （自用地1㎡当たりの価額）×（地積） 46,000,000 円 | K |

（注）1 5-1の「間口が狭小な宅地等」と5-2の「不整形地」は重複して適用できません。
2 5-2の「不整形地」の「AからDまでのうち該当するもの」欄の金額について、AからDまでの欄で計算できない場合には、（第2表）の「備考」欄で計算してください。
3 広大地を評価する場合には、（第2表）の「広大地の評価額」欄で計算してください。

（資4-25-1-A4統一）

土地及び土地の上に存する権利の評価明細書（第2表）

(平成十六年分以降用)

			記号
広大地の評価額	(正面路線価) 円 × (0.6 − 0.05 × (広大地補正率) ※端数処理はしない 地積(㎡)/1,000㎡) × (地積) ㎡	(自用地の評価額) 円	L
セットバックを必要とする宅地の評価額	(自用地の評価額) 円 − ((自用地の評価額) 円 × (該当地積) ㎡/(総地積) ㎡ × 0.7)	(自用地の評価額) 円	M
都市計画道路予定地の区域内にある宅地の評価額	(自用地の評価額) 円 × 0. (補正率)	(自用地の評価額) 円	N

大規模工業用地等の評価額	○ 大規模工場用地等 (正面路線価) 円 × (地積) ㎡ × (地積が20万㎡以上の場合は0.95)	円	O
	○ ゴルフ場用地等 ((宅地とした場合の価額) 円 × (地積) ㎡×0.6) − ((1㎡当たりの造成費) 円 × (地積) ㎡)	円	P

利用区分		算　式	総　額	記号
総額計算による価額	貸宅地	(自用地の評価額)　(借地権割合) 円 × (1− 0.　)	円	Q
	貸家建付地	(自用地の評価額又はS)　(借地権割合) (借家権割合) (賃貸割合) 円 × (1− 0.　×0.　× ㎡/㎡)	円	R
	目的となっている土地(借地権の一部)	(自用地の評価額)　(割合) 円 × (1− 0.　)	円	S
	借地権	(自用地の評価額)　(借地権割合) 円 × 0.	円	T
	貸家建付借地権	(T,AAのうちの該当記号)(　)　(借家権割合) (賃貸割合) 円 × (1− 0.　× ㎡/㎡)	円	U
	転貸借地権	(T,AAのうちの該当記号)(　)　(借地権割合) 円 × (1− 0.　)	円	V
	転借権	(T,U,AAのうちの該当記号)(　)　(借地権割合) 円 × 0.	円	W
	借家人の有する権利	(T,W,AAのうちの該当記号)(　)　(借家権割合) (賃貸割合) 円 × 0.　× ㎡/㎡	円	X
	権利	(自用地の評価額)　(割合) 円 × 0.	円	Y
	他の権利と競合する場合の権利	(Q,Sのうちの該当記号)(　)　(割合) 円 × (1− 0.　)	円	Z
	他の権利と競合する場合の権利	(T,Yのうちの該当記号)(　)　(割合) 円 × (1− 0.　)	円	AA

備考	

(注) 1　区分地上権と区分地上権に準ずる地役権とが競合する場合については、備考欄等で計算してください。
　　 2　「広大地の評価額」と「セットバックを必要とする宅地の評価額」は重複して適用できません。

(資4−25−2−A4統一)

第5章 相続税申告書の作成方法

土地及び土地の上に存する権利の評価についての調整率表（平成19年分以降用）

① 奥行価格補正率表

地区区分 奥行距離m	ビル街	高度商業	繁華街	普通商業・併用住宅	普通住宅	中小工場	大工場
4未満	0.80	0.90	0.90	0.90	0.90	0.85	0.85
4以上 6未満		0.92	0.92	0.92	0.92	0.90	0.90
6 〃 8 〃	0.84	0.94	0.95	0.95	0.95	0.93	0.93
8 〃 10 〃	0.88	0.96	0.97	0.97	0.97	0.95	0.95
10 〃 12 〃	0.90	0.98	0.99	0.99	1.00	0.96	0.96
12 〃 14 〃	0.91	0.99	1.00	1.00		0.97	0.97
14 〃 16 〃	0.92	1.00				0.98	0.98
16 〃 20 〃	0.93					0.99	0.99
20 〃 24 〃	0.94					1.00	1.00
24 〃 28 〃	0.95				0.99		
28 〃 32 〃	0.96		0.98		0.98		
32 〃 36 〃	0.97		0.96	0.98	0.96		
36 〃 40 〃	0.98		0.94	0.96	0.94		
40 〃 44 〃	0.99		0.92	0.94	0.92		
44 〃 48 〃	1.00		0.90	0.92	0.91		
48 〃 52 〃		0.99	0.88	0.90	0.90		
52 〃 56 〃		0.98	0.87	0.88	0.88		
56 〃 60 〃		0.97	0.86	0.87	0.87		
60 〃 64 〃		0.96	0.85	0.86	0.86		0.99
64 〃 68 〃		0.95	0.84	0.85	0.85		0.98
68 〃 72 〃		0.94	0.83	0.84	0.84		0.97
72 〃 76 〃		0.93	0.82	0.83	0.83		0.96
76 〃 80 〃		0.92	0.81	0.82			
80 〃 84 〃		0.90	0.80	0.81		0.82	0.93
84 〃 88 〃		0.88		0.80			
88 〃 92 〃		0.86				0.81	0.90
92 〃 96 〃	0.99	0.84					
96 〃 100 〃	0.97	0.82					
100 〃	0.95	0.80				0.80	

② 側方路線影響加算率表

地区区分	加算率 角地の場合	加算率 準角地の場合
ビル街	0.07	0.03
高度商業、繁華街	0.10	0.05
普通商業・併用住宅	0.08	0.04
普通住宅、中小工場	0.03	0.02
大工場	0.02	0.01

③ 二方路線影響加算率表

地区区分	加算率
ビル街	0.03
高度商業、繁華街	0.07
普通商業・併用住宅	0.05
普通住宅、中小工場	0.02
大工場	0.02

④ 不整形地補正率を算定する際の地積区分表

地区区分 地積区分	A	B	C
高度商業	1,000 ㎡未満	1,000 ㎡以上 1,500 ㎡未満	1,500 ㎡以上
繁華街	450 ㎡未満	450 ㎡以上 700 ㎡未満	700 ㎡以上
普通商業・併用住宅	650 ㎡未満	650 ㎡以上 1,000 ㎡未満	1,000 ㎡以上
普通住宅	500 ㎡未満	500 ㎡以上 750 ㎡未満	750 ㎡以上
中小工場	3,500 ㎡未満	3,500 ㎡以上 5,000 ㎡未満	5,000 ㎡以上

⑤ 不整形地補正率表

地区区分 かげ地割合	高度商業、繁華街、普通商業・併用住宅、中小工場 A	B	C	普通住宅 A	B	C
10%以上	0.99	0.99	1.00	0.98	0.99	0.99
15% 〃	0.98	0.99	0.99	0.96	0.98	0.99
20% 〃	0.97	0.98	0.99	0.94	0.97	0.98
25% 〃	0.96	0.98	0.99	0.92	0.95	0.97
30% 〃	0.94	0.97	0.98	0.90	0.93	0.96
35% 〃	0.92	0.95	0.98	0.88	0.91	0.94
40% 〃	0.90	0.93	0.97	0.85	0.88	0.92
45% 〃	0.87	0.91	0.95	0.82	0.85	0.90
50% 〃	0.84	0.89	0.93	0.79	0.82	0.87
55% 〃	0.80	0.87	0.90	0.75	0.78	0.83
60% 〃	0.76	0.84	0.86	0.70	0.73	0.78
65% 〃	0.70	0.75	0.80	0.60	0.65	0.70

⑥ 間口狭小補正率表

地区区分 間口距離m	ビル街	高度商業	繁華街	普通商業・併用住宅	普通住宅	中小工場	大工場
4未満	—	0.85	0.90	0.90	0.90	0.80	0.80
4以上6未満	—	0.94	1.00	0.97	0.94	0.85	0.85
6 〃 8 〃	—	0.97		1.00	0.97	0.90	0.90
8 〃 10 〃	0.95	1.00			1.00	0.95	0.95
10 〃 16 〃	0.97					1.00	0.97
16 〃 22 〃	0.98						0.98
22 〃 28 〃	0.99						0.99
28 〃	1.00						1.00

⑦ 奥行長大補正率表

地区区分 奥行距離/間口距離	ビル街	高度商業	繁華街	普通商業・併用住宅	普通住宅	中小工場	大工場
2以上3未満	1.00		1.00		0.98	1.00	1.00
3 〃 4 〃			0.99		0.96	0.99	
4 〃 5 〃			0.98		0.94	0.98	
5 〃 6 〃			0.96		0.92	0.96	
6 〃 7 〃			0.94		0.90	0.94	
7 〃 8 〃			0.92			0.92	
8 〃			0.90			0.90	

⑧ がけ地補正率表

がけ地の方位 がけ地地積/総地積	南	東	西	北
0.10以上	0.96	0.95	0.94	0.93
0.20 〃	0.92	0.91	0.90	0.88
0.30 〃	0.88	0.87	0.86	0.83
0.40 〃	0.85	0.84	0.82	0.78
0.50 〃	0.82	0.81	0.78	0.73
0.60 〃	0.79	0.77	0.74	0.68
0.70 〃	0.76	0.74	0.70	0.63
0.80 〃	0.73	0.70	0.66	0.58
0.90 〃	0.70	0.65	0.60	0.53

（資4-85-A4統一）

第6章　相続税申告書の提出期限と添付書類について

第1節　相続税申告書の提出期限について

　相続税の申告書の提出期限につきましては，相続開始のあったことを知った日（普通は，被相続人の死亡日）の翌日から数えて**10か月目**の日です。
　例えば，相続開始日が平成26年12月8日（月曜日）の場合には，提出期限は平成27年10月8日（木曜日）となります。
　なお，その提出期限の日が祝日であったり，土曜日，日曜日に当たる場合には，これらの日の翌日（つまり，平日ということになります）が提出期限の日となります。

　また，相続税の申告書の提出先は，亡くなられた人の死亡時における住所地を所轄する税務署です。相続する人の住所地の税務署ではないので注意が必要です。

　そして，相続税の申告書の提出方法ですが，一般的には各相続人が共同で作成し一括して所轄する税務署に提出します。
　ごく稀に，各相続人が別々に申告書を提出する場合もありますが，それも認められています。

第2節　相続税申告書の提出に当たっての添付書類について

相続税の申告書を提出する場合における添付書類については，何を添付すればいいのか，おおいに悩まれるかと思います。

会計事務所に依頼するとぼう大な添付書類をつけるので，それを見た納税者（依頼者）はビックリされることがあります。

しかし，あれは一つには税務調査の際やりやすくするため（課税当局に判断材料を与えないため，との理由で，逆のことをいう人もなかにはいます）と，あと一つには多くの添付書類をつけることで作成報酬を貰いやすくするためです。

さて，では相続税の申告書（第1表～第15表）の他に添付する書類としましてどのようなものがあるか，3つの項目に分けて記述していきます。

1　各評価明細書について

この項における添付書類は，相続税の申告書を作成する上において，その評価額を算出するための明細書です。

全国に524か所税務署がありますが，そこに所定の用紙が用意されています。

1　宅地及び宅地の上に存する権利の評価明細書

これは，宅地の評価を算出するために作成する表で，表面（第1表）及び裏面（第2表）の一部で自用地の評価額を算出し，貸宅地，貸家建付地等がある場合に裏面（第2表）の下段で減算し，実際の相続税評価

額を算出するための明細書です。

2　市街地農地等の評価明細書

これは，主として郊外地域や農地，山林等において倍率方式により，宅地評価額を算出するための明細書です。

まず，1㎡当たりの評価額を算出し，その後，宅地造成費の額を減額したものに地積を乗じて，市街地農地等の評価額を算出します。

3　上場株式の評価明細書

これは，上場株式を相続した場合に，その銘柄，取引所等の名称（例えば東証1部等）を記載し，課税時期の最終価格，最終価格の月平均額から評価額を算出する明細書です。

4　登録銘柄及び店頭管理銘柄の評価明細書

これは，登録銘柄や店頭管理銘柄を相続した場合に，それらの株価を算出するための明細書です。

銘柄名を記載し，課税時期の取引価格，最終価格の月平均額から評価額を算出します。

5　取引相場のない株式の評価明細書

これは，通常，中小企業等の会社の株価を評価するための明細書です。

この他，評価明細書としましては，**山林・森林の立木の評価明細書，一般動産及び船舶の評価明細書，書画骨とう品の評価明細書，特許権・実用新案権・意匠権・商標権等の評価明細書，営業権の評価明細書，定期金に関する権利の明細書，信託受益権の評価明細書**等々があります。

これらのうち，ご自分の相続税の申告において該当する明細書が必要な場合にはそれらを添付します。

② 身分や権利に関係する添付書類

この項における添付書類は，身分や権利に関係する主として人的なものです。例えば，相続税の申告書を作成する上で，法定相続人となり得るのは誰であるのか，あるいは相続財産を誰がどのように取得したか，等を明らかにするための書類です。

1 被相続人の戸籍（除籍・原戸籍）謄本及び相続人全員の戸籍謄本（相続の開始の日から10日を経過した日以後のもの）

これは，各市町村役場で取れます。この添付書類はどのような申告の場合でも絶対に添付しなければならない書類です。

2 遺言書又は遺産分割協議書の写し

遺言書の場合はないことのほうが多いと思いますし，遺産分割協議書も1人相続の場合には作成しないこともあります。

3 相続人全員の印鑑証明書（遺産分割協議書作成時のもの）

これは，各市町村役場で取れます。
※ ［配偶者の税額軽減の適用］を受ける場合には，1，2，3の書類の添付が必要です。

4 被相続人及び相続時精算課税適用者の戸籍の附票の写し

これは，各市町村役場で取れます。この書類を添付しなければならない方は相続時精算課税適用者のいる場合です。

5　住民票の写し（相続開始の日以後に作成された，その宅地に引続き居住する者の住民票）

　これは，各市町村役場で取れます。これは［小規模宅地等の特例］のうち《特定居住用宅地等の特例》を受ける場合に必要です。なお，この特例を受ける場合には上記1，2，3の他に「戸籍の附票の写し」，「相続開始前3年以内に居住していた家屋が，取得者又はその配偶者の所有する家屋以外の家屋である旨を証する書類」が必要です。なお，被相続人が養護老人ホームに入所していたことなど，一定の事由で相続開始の直前において被相続人の居住の用に供されていなかった宅地等について特例の適用を受ける場合には，介護保険の被保険者証の写し，施設への入所時における契約書の写し等が必要です。また，《特定事業用宅地等の特例》，《特定同族会社事業用宅地等の特例》を受ける場合においてもそれぞれ必要な添付書類があります。

　さらに，［非上場株式等についての相続税の納税猶予の特例］を受ける場合にも1，2，3の書類の他，必要な書類を添付しなければなりません。

　以上，この項の要約としましては，申告書で特例を適用しない**一般の場合**には，法的には1の被相続人の戸籍（除籍・原戸籍）謄本及び相続人全員の戸籍謄本（相続の開始の日から10日を経過した日以後のもの）だけでよく，2の遺産分割協議書や3の印鑑証明書については提出してもしなくてもよいこととなっています。

　ただし，［配偶者の税額軽減の適用］を受ける場合には1，2，3の書類は添付しなければなりませんし，［小規模宅地等の特例の適用］を受ける場合には1，2，3の書類の他にそれぞれ別に指定された書類の添付が必要です。

3 財産や債務に関係する添付書類

　この項における添付書類は，財産や債務を明確にするための主として物的なものです。例えば，相続した土地は何処にありどれくらいの面積であるとか，家屋の構造はどうなっているか，等を明らかにするための書類です。

　☆　まず，財産関係についての添付書類です。

1　土地や家屋の登記簿謄本
　これらの謄本は，法務局の各出張所で取れます。この書類は1の1である「宅地及び宅地の上に存する権利の評価明細書」や2の「市街地農地等の評価明細書」を作成するのに使います。

2　土地や家屋の固定資産税評価証明書
　これらの固定資産税評価証明書は，各市町村役場か各都税事務所で取れます。土地につきましては，路線価地域の方は不要です。また，家屋につきましては，家屋を評価する場合に使用します。

3　預・貯金の残高証明書
　これらの残高証明書は，各金融機関で取れます。できれば，解約計算書や被相続人名義及び家族の通帳のコピーも添付します。

4　生命保険金等の支払通知書の写し
　これらの支払通知書あるいは支払明細書は，各生命保険会社等で取れます。

5　退職手当金等の支払通知書の写し

これは，勤務先から取れます。

6　金銭消費貸借契約書

貸付金がある場合に，そのコピーを添付します。

7　電話加入権・書画骨とう品・家財等の場合

これらの書類につきましては，例えば電話加入権の場合は電話番号及びその所在場所，書画骨とう品の場合はその作者名及び品名等，また家財の場合は各明細書等を具体的に記述したものを添付します。

☆　つぎに，債務関係についての添付書類です。

8　借入金の残高証明書

これは，各金融機関で取れます。また，金融機関等以外のところからの借入金につきましては金銭消費貸借契約書のコピーを添付します。

9　租税公課の未払金残高証明書

これは，課税通知書や納付書のコピーを添付します。

10　医療費・公共料金等の未払金残高証明書

これらは，各請求書，領収書等のコピーを添付します。

11　その他の債務

その他の債務につきましては，明細書を作成し添付します。

12　葬式費用の明細書

葬式費用にかかった領収書のコピーを添付します。また，お寺への支払や心付け等で，領収書のもらえないものにつきましては，その明細を作成し添付します。

おわりに

　本書は，ズバリ事前の相続対策の本ではありません。まぢかに迫った相続税の申告，あるいは，すでに相続が発生している方を対象に書いた本です。

　なぜなら，相続税の対策に正解などないというのが私の相続に対する考え方だからです。対策はいろいろとありますが，しょせんこの世は先のことは誰にも分かりません。多くの対策はメリットもありますがその反面デメリットとなることも多々あります。それに昨今のようにコロコロ変わる税制の下では仮に今，最善の対策をしていてもそれが相続時に必ずしもいい結果を得られるとも限りません。早い話が逆縁になることだってあり得ます。そのような場合，対策がアダになり大変な出費をしたあげく元も子もなくすことだってあり得ます。このようなことより本書は相続税対策ではなく，相続が発生したときに必要な相続税の申告書の書き方について記述してみました。

　本書は，基本的には税務署から出されている冊子「相続税の申告のしかた」に沿って，より理解しやすいように少し加筆する形で記述したものです。また，親から子への相続が円満になされるため，兄弟姉妹の争いが生じないための「相続で争族や争続とならないための方法」について記述してきましたが，かなりのボリュームになってしまいました。

　何しろ仕事の合間を縫って短時間で執筆したものですから，いろいろの箇所でいたらぬ点が多々あるかと存じます。その点をここでお詫びしておきます。

　しかし，現在わが国の租税制度の基本であります「申告納税制度」という側面からは「超難解な相続税の申告書を誰にでも分かるように」そ

の一連の流れを比較的わかりやすく説明できたことは読者にとって有益ではないかと，少しは自負もしております。

ところで，不動産業者とか建設業者とか銀行などが，「相続税の無料相談」という名目で，税理士法に抵触しかねない「税務相談」に乗っているケースをよく見かけます。

これは，銀行法第12条の２（預金者等に対する情報の提供等），信用金庫法第89条（銀行法の準用・・・預金者等に対する情報の提供等他）あたりの条文からそのような行為をしているのかどうか，また，銀行がさせているのか銀行員個人が営業活動のなかでしているのかは知りませんが相談者（納税者）自身おおいに気をつけることが大切です。

銀行員や不動産業者や建設業者が税理士行為をした場合には，以下のような罰則がありますが，相談者自身はたとえ間違ったことを鵜呑みにして大失敗しても，誰ひとりとしてその責任を取ってはくれません。

ちなみに，税理士は職業上ミスをした場合，自身と納税者（依頼者）を保護するために，その多くは「税理士職業賠償責任保険」に加入していますが，不動産業者や建設業者や銀行がそのような保険に入っているということを未だ耳にしたことはありません。つまるところ，納税者自身の泣き寝入りということで決着がつきます。

税理士業務（①税務代理②税務書類の作成③税務相談）は，納税者と国家の台所を守るため**税理士法第２条**で，その独占業務性が定められています。

税理士法第52条

税理士又は税理士法人でない者は，この法律に別段の定めがある場合を除くほか，税理士業務を行ってはならない。

おわりに

> **税理士法第59条第1項第3号**
> 税理士法第52条の規定に違反した者は,2年以下の懲役又は100万円以下の罰金に処する。

　ここで大事なのは,不動産業者や建設業者や銀行等が税務相談,相続税相談という名目でセミナーを開いた後,個別相談と称してかなり具体的な相談に応じているケースです。

　「一般的な場合」ですと説明にとどまるのですが,これが「個別的かつ具体的」になってきますと税理士法第52条に抵触します。もちろん,誰が税務相談に応じているか？によって事情が変わってきますが。

　不動産業者や建設業者ももちろんですが,社会的に一番コンプライアンスを重要視しなければならない信用第一の銀行がこれを遵守しないことは許されません。国税庁もこのあたりを懸念してか,注意喚起していくとのことです。とにかく,税金問題は国家財政にかかわること,ひいては国家の存亡にかかわること,慎重にことを運んでもらいたいものです。

　過去にも,節税になると称して金融機関等がいろいろの商品を勧めたが,結果的に多くの悲劇を生んだことは記憶に新しいことを記すとともに,皆様が円満な相続ができることを願ってペンを置きます。

〔著者紹介〕

阿部　員大（あべ　かずお）
兵庫県生まれ。1974年4月より元日本税理士会連合会会長前田幸蔵事務所に勤務。1980年日本税理士会連合会に税理士資格を登録し，東京税理士会京橋支部に所属する。ここで，所得税，法人税，相続税等々の基幹税目の実務を学ぶ。
8年4か月勤務したあと，1982年8月より中堅アパレルメーカーに転職。そこで会計事務所では学べなかった企画，生産，営業，総務，人事等，会社のライン組織やマネジメントを学ぶ。その間，東京税理士会豊島支部に転属したのち1985年に関東信越税理士会西川口支部において独立し，現在にいたる。

著書に「タイプ別税理士活用法」（税務研究会出版局），「必死の『税務調査』物語」（ダイヤモンド社），「税金は何処へ消えたのか？」（ごま書房），「顧問報酬から見た会計・税理士事務所の選び方」（税務経理協会）がある。

この業界に入って40年。この間おもに東京国税局，関東信越国税局管内で百件ほどの相続税の申告書を作成。

［電話・FAX番号］　048－254－1486
［著者ホームページ］
　http://www.abezeimu.net

著者との契約により検印省略

| 平成27年1月15日　初版第1刷発行 | あなたはできる！
相続税申告書の書き方と
争族円満解決法 |

著　　者	阿　部　員　大
発　行　者	大　坪　嘉　春
製　版　所	株式会社ムサシプロセス
印　刷　所	税 経 印 刷 株 式 会 社
製　本　所	牧 製 本 印 刷 株 式 会 社

発 行 所　東京都新宿区下落合2丁目5番13号　株式会社 税 務 経 理 協 会

郵便番号　161-0033　　振替　00190-2-187408　　電話（03）3953-3301（編集部）
　　　　　　　　　　　FAX（03）3565-3391　　　　（03）3953-3325（営業部）
URL　http : //www.zeikei.co.jp/
乱丁・落丁の場合はお取替えいたします。

Ⓒ　阿部員大　2015　　　　　　　　　　　　　Printed in Japan

本書の無断複写は著作権法上での例外を除き禁じられています。複写される場合は，そのつど事前に，（社）出版者著作権管理機構（電話 03-3513-6969，FAX 03-3513-6979, e-mail : info@jcopy.or.jp）の許諾を得てください。

JCOPY ＜(社)出版者著作権管理機構 委託出版物＞

ISBN978－4－419－06184－5　C3032